[저 자 소 개]

총신대 종교교육학과(B.A)와 같은 신학대학원(M.Div), 아세아연합신학대학 대학원(Th.M)을 마쳤다. 그 후 영국 카펜웨이 바이블 스쿨을 수료했으며 미국 버지니아 리버티 침례신학교(D.Min.)를 졸업했다.

서울 숭의 여중고교 교목과 예장 총회교육국 간사를 역임했으며, 영국 코벤트리 한인교회를 담임했다. 현재는 서울창성교회 담임목사이며 지하철 사랑의 편지 필자, 총신대 강사, 크리스천라이프센터 공동대표, EATS 교장으로 섬기고 있다.

저서로는 〈목사와 평신도〉, 〈교사 위대한 힘을 꺼내라〉, 〈청소년 설교 이렇게〉, 〈요즘 내 아이 어떻게 키울까〉, 〈21세기 평신도 훈련〉, 〈성경책별 집중탐구〉, 〈구도자반〉, 〈새신자반〉 등 다수가 있다.

E-mail : johnjiwoo@hanmail.net

초판 1쇄 발행 / 2008년 1월 12일
재판 3쇄 발행 / 2022년 4월 25일
지은이 / 이진우
펴낸이 / 황성연
펴낸곳 / 글샘 출판사
주 소 / 경기도 파주시 헤음로883번길 39-32
등 록 / 제8-0856호
ISBN / 978-89-913-5807-2
총 판 / 하늘물류센터
전 화 / 031-947-7777
팩 스 / 0505-365-0691
북 디자인 / 하늘기획 (book design · illust 권기용)
Photography / 신삼철 www.pyungsanphoto. com
잘못 만들어진 책은 구입한 곳에서 친절히 바꾸어 드립니다.

※ **글샘**은 **가정사역**을 위한 **하늘기획**의 또 다른 이름입니다.

평신도 · 소그룹 · 제자훈련

성경인물 집중탐구1

이진우 지음

글샘

머리말

성경은 어떤 인물을 내세우지 않습니다.

성경에서는 영웅이 없습니다. 오직 하나님이 위대하실 뿐입니다. 사람들을 택하여 위대한 모습으로 가꾸어 가신 그 하나님이 위대하십니다. 그러나 하나의 수단으로 사람들이 성경에 동원된 것이 아니라 그들 자신이 하나님의 목적이었습니다.

이러한 관점으로 본 교재는 접근하려 힘썼습니다. 단순히 한 인물을 소개하고는, 그러니까 이 사람을 본받자 라는 것은 곤란합니다. 그렇게 되면 우리는 포기 할 수밖에 없습니다. 그들과 우리는 너무 멀리 있기 때문입니다.

따라서 본 교재는 한 인물에 대한 기록적인 신상명세보다는 그를 통하여 하나님이 주시고자 하는 믿음의 교훈들을 집중적으로 찾기를 원했습니다. 그러므로 한 인물을 굳이 한 과에 뭉뚱그려 넣으려는 편집자적인 태도를 지양하고 필요에 따라서는 한 인물을 두 과에 걸쳐 다루기도 했습니다.

INTRODUCTION

어느정도 성경에 관한 지식이 갖춰진 상태의 학습자를 염두해 두고 구성되었습니다. 제자훈련의 전후의 과정으로 사용하는것을 권장합니다. 구역 공과용이나 청년대학부에서 사용하는 교회들도 기쁨을 누리고 있습니다. 본인이 지은 [성경책별집중탐구] 와 [중소형교회 제자훈련] 등과 연계하여 상호과정으로 사용하면 더욱 좋습니다.

분량이 그리 많지 않으므로 한 자리에서 한 과씩 마칠 수 있으며, '읽을말씀' 을 미리 정독해 온다면 따로 예습이 필요하다고 여겨지지 않습니다. 인도자가 더욱 폭넓은 준비를 해온다면 공부현장은 더욱 풍요로워질 것입니다.

주님께서 우리의 소그룹을 축복하소서.

저자 이진우

목 차

CONTENTS

1과

아담

상실된 낙원의 주인

읽을말씀 : 창세기 2:4-25

초　　점 : 본래 인간에게 주어졌던 위치는 무엇인가? 그 회복을 위한 하나님의 계획은 무엇인가?

스 케 치 : 아담('땅, 붉은 흙')은 최초의 인간으로서 인류의 시조이다. 구약에 560회나 나타나며 신약에 와서 온 인류에 대한 그의 범죄의 신학적 의미가 밝아진다. 예수의 족보가 아담까지 거슬러 올라감(눅3:38)으로 아담의 역사성이 입증된다.

탐구1 창조의 꽃, 인간

하나님은 그 무한한 지혜로 모든것을 지으셨습니다. 그리고 맨 마지막에 사람을 만드셨습니다.

1. 인간의 구성 요소는 창2:7에 의하면 무엇과 무엇입니까?
   인간 = ______________ + ______________

2. 인간은 본래 무엇을 모방하여 만들어졌습니까? (1:26,27)

   인간이 다른 피조물(꽃, 코끼리)과 어떻게 다릅니까?

|THINK|

이때에 인간의 상태는 거룩(전7:29)하고 지적(창 2:19,20)일뿐만 아니라 통치 능력(창 2:15)까지 있었다. 오늘날 우리가 보는 사람과 얼마나 다른가!

3. 하나님은 첫 사람 아담의 배우자로 하와를 주셨고, 그들의 보금자리를 에덴(즐거움)이란 동산에 꾸며 주셨습니다. 새 낙원의 주인에게는 어떤 명령이 주어졌습니까? (창 1:28)

   ※ 하나님께서 인간에게 주신 첫 번째 명령, 이 부분을 흔히들 하나님의 문화 명령 (cultural mandate)라고 부릅니다.

탐구2 실낙원의 비극

1. 에덴 낙원에서 하나님은 사람과 첫 언약을 맺는데, 그 언약의 내용은 무엇입니까? (2:16,17)

2. 하나님은 자신을 향한 사람의 복종심의 상징으로 동산 중앙에 두 그루의 나무를 두셨습니다. 그런데 하나님의 반역자인 사단은 하나님이 가장 사랑하시는 인간을 자기편으로 만들기로 작정하였습니다.

☐ 첫 시도는 접근하여______의______를 의심케 하는 것이었습니다. (창3:1)

☐ 범죄케 되는 과정은? (딤전2:14)

뱀 →______________→______________

3. 사람은 유혹을 받아 반역과 불순종의 길을 택했습니다. 그 결과는 어떻게 진행됩니까?

☐ 창세기 3:17 ____________________

☐ 창세기 3:19 ____________________

그 결과를 로마서 5:12에서는 어떻게 표현하고 있습니까?

____

4. 그들은 하나님과 단절되고 낙원에서 추방됩니다. 그러나 이 때 하나님의 자비는 빛을 발합니다. 창세기 3:15의 의미를 아십니까?

____

※ 이것을 첫복음 (혹은 원시(原始)복음) 이라고 부릅니다.
하나님이 죄인을 위해 구원의 길을 예비하신 것입니다.

|THINK|

이것은 후세에 주님이 단 한 번에 위대한 희생의 제물을 드릴 것을 상징하고 있다. 무화과 잎으로는 감 쌀 수 없는(사 28:20), 죄 된 몸을 그리스도의 의의 옷으로 가리우는 것이다. 이 제물을 하나님과 사람이 나누어 가졌으니 '화해의 표' 이기도 하다.

5. 하나님은 또한 어떤 일을 해 주십니까? (창 3:21) 이에 대한 당신의 느낌은 무엇입니까?

____

※ 한 짐승이 그들의 목전에서 죽어야 했고, 죽음이 무엇인가를 보여준 것입니다. (전3:18)

탐구3 생각하기

첫 사람 아담은 모든 것을 상실했습니다. 그러나 둘째 아담이신 그리스도께서 회복시킬 것입니다. 다음 표를 작성하고 영적 의미를 생각해 봅시다.

	첫아담	둘째아담
롬 5:1	범죄, 사망	
롬 5:19		순종
고전 15:45	산영	

더깊은 생각을 위하여

플러그가 뽑힌 전등... 인간들에게 바로 그와 같은 일이 일어난 것이다(롬 3:23). 그 이후 인류사의 모든 비극은 이 최초의 행위로부터 시작되었다. 만일 범죄가 없었던들 속죄를 위한 하나님의 섭리를 기록해 놓은 성경이 필요치 않았을는지도 모른다.

성 찰

어떤 잘못을 범한 뒤 남에게 책임을 전가하거나 도피하고픈 욕망을 느낀 적은 없는가? 그 이유가 무엇이라고 생각하는가?

2과 아벨

응답과 거절의 차이

읽을말씀 : 창세기 4:1-15

초　　점 : 참된 예배의 정신은 무엇이며 그 예배 속에 믿음이 나타나고 있는가?

스 케 치 : 아벨('생기, 공허')은 아담과 하와의 둘째 아들로서 직업은 양치는 목축업이었다. 어느 날 제사 하는 날이 되어 아벨은 그의 형과 함께 하나님께 나아왔다. 이 두 사람은 모두 하나님을 믿었고 두 사람 다 하나님께 제사를 드렸다.

탐구1 아담의 아들들

1. 에덴에서 추방 된 후, 아담이 낳은 자식의 이름은 무엇입니까? (창 4:1,2)
   - ☐ 첫째 아들__________________ 직업__________________
   - ☐ 둘째 아들__________________ 직업__________________

| T H I N K |

본래 아담은 하나님의 형상 대로 지음 받았다(창1:27). 그러나 이제 그들이 낳은 자식은 범죄한 아담 자기의 형상으로 태어났던 것이다(창 5:3)!

2. 세월이 지난 후에' 형제는 하나님께 ( )를 드리러 나왔습니다.(창 4:3,4)

   그런데 그 결과 가인 :__________________

   아벨 :__________________

   도대체 그 이유는 무엇일까요?

   ____

   ____

탐구2 응답과 거절의 차이

1. 히브리서 기자는 아벨의 제사에 대하여 무엇이라고 단정하고 있습니까? (히 11:4)

   ____

   ____

2. 가인에 대한 하나님의 거절이 단지 제물의 차이(양이 아닌 곡식?) 때문이었다면 어떤 반론이 제기될 수 있을까요?(힌트 : 직업을 비교)

   ____

   ____

| T H I N K |

실제로 원시시대에는 짐승과 곡식을 제물로 드렸고(레 2:1), 더욱이 이들의 제사 시기는 수확기 이후(창 4:3)이므로 감사 제물이지 속죄 제물이 아니었다.

그렇다면 하나님의 거절하심의 진정한 이유는 무엇일까요?

3. 가인의 제사는 불성실한 제사였습니다. 양의 첫 새끼와 땅의 소산은 어떤 차이가 있다고 생각됩니까? (출 23:19 참조)

이 점에 대해 하나님은 뭐라고 지적하셨습니까? (창 4:7)

반면에 아벨은 흠 없는 양의 첫 새끼를, 그것도 기름(가장 기름진 부분)을 드렸습니다. 그러나 가인은 손쉬운 대로 선별치 않고 제물을 택했던 것입니다.

4. 가인의 제사는 불신앙의 제사였습니다 불성실의 원인은 불신앙입니다.

☐ 당신의 관찰력을 동원해 창세기 4:5을 살펴보십시오.
제물을 거절하시기 전에 무엇을 거절하셨습니까?

☐ 가인은 본래 어디에 속해 있었습니까? (요일 3:12)

※ 가인에게는 하나님이 기뻐하시는 삶이 없었다! 예배는 삶의 결정체이어야 한다. 그렇다면 오늘 우리에게 하나님 앞의 바른 삶이 없다면 우리가 드리는 기도, 찬양, 헌금을 하나님이 거절하실 수도 있다!

5. 하나님의 판결은 공정한 것이었습니다. 다음 구절에서 하나님의 관점을 요약해 보십시오.

☐ 잠언 15:8

☐ 잠언 21:27

6. 그럼에도 불구하고 가인의 반응은 어떠했습니까? (창 4:5)

이 하나님에 대한 항거는 또 어떤 결과를 빚었습니까? (창 4:8)

| THINK |

두렵게도 죄는 그 자체가 성장한다(약 1:15). 시기와 미움, 살인과 직결된다. 당신은 미움이나 시기에 사로잡혀 있지는 않은가?

7. 하나님이 아벨의 제사를 열납하셨다는 것은 하나님이 아벨을 인정하셨다는 뜻입니다. 더구나 예수께서는 아벨을 무엇이라 불렀습니까? (마 23:35)

아벨은 죽었으나 오히려 믿음으로 살아서 참 삶의 길이 무엇인지를 만대에 전하고 있습니다.

더 깊은 생각을 위하여

살인자 가인에게 하나님이 찾아 오셔서 회개를 촉구하셨다. 그러나 가인은 순종을 거절하였고(4:9) 직업과 주거의 저주를 자초하였다(4:12). 훗날 하나님은 아벨 대신 셋(4:25)을 주심으로 믿음의 계보를 다시 시작하였다.

성 찰

영적 예배란 무엇이며 하나님께서 받으시는 예배는 어떤 것일까?
(사 1:10,11을 묵상하십시오.)

3과

에녹

위대한 보통 사람

읽을말씀 : 창세기 5:18-24

초　　점 : 하나님과의 바른 교제는 얼마나 중요한가?

스 케 치 : 에녹('좁히다, 봉헌하다')은 아담의 7대손으로서 야렛의 아들이며 최장수자인 므두셀라의 아버지이다. 그는 하나님과 동행하는 삶을 살며 자녀를 낳고 살다가 365세에 하나님이 그를 데려가셨으므로 인류 최초로 죽음을 당하지 않고 승천한 사람이다.

탐구1 큰 업적이 없었던 사람

1. 5:18, 21을 참조하여 에녹의 족보를 작성해 보십시오.

부친 (　　　　) → 에녹 → 아들 (　　　　)

2. 하나님과 관계하여 에녹의 생애는 어떻게 표현됩니까? (5:22)

____

____

그리고 자녀를 낳아 양육했습니다. 아침 일찍 일터에 나가 저녁 늦게야 돌아오는 가족을 돌보기에 골몰한 이 시대의 아버지와 흡사했을 것입니다.

3. 그럼에도 불구하고 히브리서 기자는 에녹을 어떻게 극찬합니까? (히 11:5)

____

____

|THINK|

이보다 위대한 일이 어디 있겠는가! 그렇다. 신앙생활에 있어 가장 중요한 사건은 하나님과의 만남과 하나님과의 동행이다. 하나님은 우리가 내놓는 그 무엇보다 우리 자신을 원하신다. 스스로 속지 말자. 많은 수고보다 더 중요한 것은 그분과의 친밀한 사귐인 것이다.

4. 오늘 당신의 삶에서 하나님과의 동행하는 삶을 위해 어떤 조건들이 필요할까요? 다음 아래에서 고르고 또 구체적인 적용을 해 보십시오.

가. 아모스 3:3 (　　　)
나. 베드로전서 1:16 (　　　)
다. 데살로니가전서 5:17 (　　　)

a. 쉼 없는 교통　　b. 도덕적 일치　　c. 뜻의 조화

탐구2 예언자였던 에녹

놀랍게도 에녹은 당대에 하나님으로부터 말씀을 받아 사람들에 전달하는 예언자의 일을 하였던 것입니다. 유다서 14, 15절을 읽으십시오.

1. 에녹은 주께서 임하셔서 심판하심을 내다보았습니다. 심판의 가장 뚜렷한 대상 둘은 누굴일까요?

   ____

   ____

   왜 그럴까요?

   ____

   ※ 성서학자 뉴우베리(Newberry)의 뜻 깊은 통찰
   고대의 당시 마을마다 그 입구에는 마을을 지키는 창 던지는 사람(놀랍게도 그것은 므두셀라라는 말의 뜻이다)이 있었다. 그의 쓰러짐은 바로 그 마을의 종말을 의미하는 것이었다. 어느 날 하나님은 에녹에게 세상에 심판이 임박했음을 알리며, 아들이 태어나면 므두셀라라 이름 지으라고 하셨다. 그가 죽을 때 심판이 임할 것이었다. 에녹은 그 아들을 볼 때마다 하나님의 심판을 상기할 수 밖에 없었다.

2. 이 심상찮은 분석은 창세기 5:22에서 섬광을 발합니다. 에녹이 하나님과 동행을 하기 시작한 시기는 언제입니까?

   ____

   ____

   그 이유는 무엇일까요?

   ____

   ____

3. 다음은 수학 실력을 요합니다! 창세기 5:25,28을 참고하십시오. 노아가 태어났을 때 므두셀라의 나이는 몇입니까?

   __________ + __________ = __________세

   7:11을 보면, 대 홍수는 노아가 몇 살 때 임했습니까?__________ 세

   그렇다면 그 때 므두셀라의 나이는?__________ 세

|THINK|

노아 홍수의 심판은 므두셀라 일생의 마지막 해에 있었다. 그가 죽자마자 심판이 임했던 것이다. 하나님은 약속을 지키셨다. 하나님은 에녹에게 이 심판의 메시지를 주셨고, 에녹은 이 말씀을 믿고 다가올 심판의 이 메시지를 전했던 것이다. 물론 자신은 주와 동행하는 삶을 살면서!

당신의 경우, 어떤 한 사건이 당신의 삶을 돌이키게 한 경험이 있습니까?

____

4. 그러한 에녹의 마지막은 어떠했습니까? (5:24)

____

____

만일 주께서 우리 세대에 오신다면 우리는 에녹처럼 죽음을 보지 않고 주께로 이끌림 받는 유일한 세대가 될 것입니다.

성 찰

하나님의 말씀은 이 세대에 심판이 임박했음을 선언하고 있다. 이때에 우리가 가질 자세와 사명은 무엇일까?

4과 노아

구원 방주의 선장

읽을말씀 : 창세기 6:1-22

초　　점 : 시대를 거슬러가는 믿음과 주의 날을 예비하는 자세는 무엇인가?

스 케 치 : 노아('위로, 안식')는 셋의 자손으로 아담의 10대손이며, 라멕의 아들로 하나님 앞에 의인이었다. 당시 온 땅이 패괴하고 강포가 땅에 충만케 되었다. 하나님은 노아에게 홍수 심판을 예고하시고 방주를 준비케 하시어 그의 가족과 동물의 종족을 보존시키셨다.

탐구1 시대에 걸맞지 않았던 사람

1. 이 시대의 특징을 어떻게 말 할 수 있습니까?

☐ 6:2 ____________________

여기서 하나님의 아들이란 거룩한 계보를 이어주어야 할 셋의 후손들입니다.

____

☐ 6:5, 6에서 하나님의 근심의 이유는 무엇입니까?

____

창 1:31과 대조해 보십시오.

2. 그러나 노아는 어두운 밤하늘의 별 같은 존재였습니다. 6:9에서 노아의 삶을 묘사한 세 단어를 찾아보십시오.

____

그럴 수 있었던 근본 이유는 무엇입니까? 6:8)

____

|THINK|

노아가 의롭게 된 것은 하나님의 은혜를 입었기 때문이었다(엡 2:8). 불의의 물결이 홍수같이 밀려드는 때를 거슬러 경건히 살 수 있었던 것은 하나님의 은혜를 입었기 때문이었다! 혹 당신에게 좋은 믿음이 있다고 생각하는가? 그렇다면 그것이 먼저 하나님의 은혜임을 감사해야 한다.

4. 거기서 노아는 어떻게 살았습니까? (벧후 2:5)

____

참 믿음은 결코 은폐될 수 없습니다. 산 위의 동네가 숨기 울 수 없듯이!

탐구2 방주로 예비된 홍수

1. 노아가 방주를 예비한 근거는 무엇입니까? (롬 10:17 ; 히 11:7)

____

____

폭양 밑, 산 중턱에서 배를 만드는 노인... 사람들은 뭐라고 했을까요? ____________________

2. 그러나 당시 사람들이 골몰했던 일은 무엇이었습니까? (마 24:38)

※ 이것은 먹는 것이나 결혼을 금하는 것이 아니다. 문제는 일상생활에 도취한 나머지 전혀 영적인 관심을 갖지 않는 것이다.

|THINK|

사람들은 드려다 보이는 현실, 매일 경험하는 세상일은 믿어도 보이지 않는 내세 일은 믿으려 하지 않는다!

3. 방주는 완성되었고, 드디어 홍수가 시작됐습니다. 7:6, 7을 보십시오. 노아의 식구들이 배에 들어갔습니다. 아버지로서의 노아의 영적권위는 어떻습니까?

그 결과는 어떻습니까? (행 16:31 참조)

그 외의 사람들의 운명은 어떻게 되었습니까? (벧전 3:20)

※ 40일간 비가 쏟아졌고 지상은 150일 동안 물에 덮여 있었다! 그 위로 4,300톤가량의 방주가 떠다녔고 나중에 아라랏산에 머물렀다(8:5).

탐구3 홍수, 그 이후

1. 홍수 후, 하나님이 하신 일은 축복이었습니다. 내용은 무엇입니까? (9:1)

하나님은 새 출발을 선언하셨습니다. 더구나 하나님은 하늘에 무지개를 띄우심으로 인간에게 약속을 보증하셨습니다(9:13,15).

2. 그러나 그 후, 노아가 한 일은 실수였습니다. 그 내용은 무엇입니까? (9:20, 21)

|THINK|

슬프나 이것은 사실이다. 새 출발과 함께 인류의 역사는 실패의 역사로 시작되었다. 인간은 홀로의 힘으로는 절대 설 수 없다는 교훈이다.

더깊은 생각을 위하여

노아의 실수는 큰 교훈을 준다(롬 15:4). 첫째는 사람은 누구나 자칫하면 범죄 할 수 있다는 사실이다.(노아도 넘어졌다.) 둘째는 승리한 후의 실패를 두려워 하라는 것이다.

성 찰

오늘의 이 시대를 어떻게 보는가?(마 24:37)
그 속의 나는 어떤 존재인가?

5과

아브람

갈대아의 이방인

읽을말씀 : 창세기 12장

초　　점 : 단지 하나님에 의해 주도된 믿음의 출발을 본다.

스 케 치 : 아브람('무리의 아비')은 이스라엘 최초의 족장이며 셈의 10대손이다. 사라의 남편이며 이삭의 아버지로서 하나님의 명에 따라 고향을 떠나 가나안을 향한다. 후에 그의 이름을 아브람에서 아브라함으로 바꿈으로써 그가 열국의 아비가 될 것이라는 하나님의 언약의 증거로 삼으셨다.

탐구1 찾아오신 하나님

1. 아브람의 이름이 처음 나타나는 곳은 창세기 11:26입니다.
   그들의 행로와 현재 위치는 어떠합니까?(11:31)
   떠난 곳(　　　)→현재(　　　)→갈 곳(　　　)

2. 그러므로 12:1의 하나님의 나타나신 곳은 바로 하란입니다.
   그들은 가나안으로 향하는 도중이었습니다. 왜 이 여행을 시작하게 되었을까요? (적어도 우리는 그에게 우르에서 어떤 일이 있었을 것임을 추측할 수 있다. 사도행전 7:2의 스데반의 설교를 보자). 거기서 무슨 일이 있었습니까?

   ※ 우르는 메소포타미아의 지역에서 매우 문명이 발달한 도시였다. 고고학자들은 B. C. 2000년 아브라함 당시의 집들이 벌써 구운 벽돌을 썼고, 기하학, 상형 문자가 쓰였으며, 우상 숭배가 성행한 도시였다고 한다.

3. 여호수아 24:2에 의하면 강 저편 갈대아 우르에서 '이스라엘의 조상' 들은 무엇을 섬겼습니까?

   데라의 온 가정도 우상을 섬겼습니다. 여기서 아브람은 예외일 것이라고 생각합니까? 그 이유는 무엇입니까? -(본래 '이스라엘 백성의 조상' 은 아브라함을 지칭하는 말임도 참작할 것).

4. 또한 "…다른 신을 섬겼으나…아브라함을 이끌어내어" (수 24:2, 3)의 문맥으로 보면 아브람도 어떠했습니까?

5. 더구나 창세기 11:31에서 하란까지의 이동의 실제적 인도자는 누구라고 봅니까?

|THINK|

그렇다면 영광의 하나님이 갑자기 우상의 도시 속의 한 사람(아브람)에게 나타나셨고, 그 신은 자신을 하나님이라고 소개하며 내가 지시할 땅으로 가라고 하셨다. 아브람도 처음부터 믿음의 사람은 아니었다! 당신과 내가 그랬듯이.

탐구2 두번째의 재촉

그러나 그들은 하란에서 차마 더 갈 수가 없었습니다. 갈대아 문명의 최변방인 그 곳을 넘어서 간다는 것은 불안한 일이었기 때문입니다. 그래서 적어도 5, 6년은 그 곳에서 머뭇거리고 있었습니다.

1. 그러던 어느 날 어떤 일이 생깁니까?

____

(신기하게도 데라의 뜻이 '지연시키다' 였다). 이때에 여호와께서 다시 나타나신 것입니다. 여기서 약속은 더욱 구체화되었으며(12:1-3), 일행은 다시 출발합니다.

2. 그 때 아브람의 나이와, 일행의 구성원은 누구입니까? (12:4, 5)

____

|THINK|

순종치 못하고 있는 아브람에게 하나님이 하란에서 나타나 재촉하시며 등을 떠밀어 가게 한 것이다! 우리는 누구든 불신앙에서 시작하여 하나님의 은혜로 조금씩 조금씩 전진하는 것이다.

탐구3 하나님의 능력을 체험하는 곳

그러나 가나안은 기근(饑饉) 속에 있었고, 아직 하나님이 그 기근 속에서도 먹여 살릴 수 있다는 믿음이 없었던 그는 자연스럽게 비옥한 애굽 땅까지 내려가게 됩니다.

1. 여기서 벌어진 사건은 무엇입니까?(12:11-16)

____

그 결과는 어떻게 되었습니까? (12:17-20)

____

대 제국의 왕 바로가 당하는 것을 보고 가장 놀란 것은 (   ) 자신이었다!

2. 이 체험은 애굽을 떠나온 아브람을 바꿔놓았습니다. 어떤 일들이 후에 있었습니까?

____

☐ 13:8, 9________________________________

☐ 14:14-16_______________________________

더깊은 생각을 위하여

하란에서보다 애굽 이후에 아브람은 더 큰 믿음의 사람이 되었다! 그렇다면 믿음의 성장은 하나님을 얼마나 아느냐의 문제이다. 어쨌든 애굽에서 빨리 깨닫고 빨리 돌이키는 것은 우리의 일이다.

성 찰

지금까지 생각했던 아브라함과 오늘 배운 아브람은 어떻게 다른가?
그것은 내게 어떤 힘을 주는가?

6과

아브라함

믿는 자들의 아버지

읽을말씀 : 창세기 15장

초　　점 : 최고의 헌신은 성숙된 믿음을 조건으로 한다.

탐구1 하나님을 믿는 아브라함

1. 15장의 아브라함을 이해하기 위해서는 14장의 배경을 알아야 합니다. 하나님의 위로의 말씀은 아브라함의 어떤 상태들을 나타냅니까? (선으로 연결)

나는 너의 방패요 ▣	▣ 후손이 없음을 고민함
큰 상급 이니라 ▣	▣ 적군들의 역습을 두려워 함

2. 이 때 하나님은 시청각을 활용하십니다.
그 방법과 아브라함이 얻은 결과는 무엇입니까? (15:5, 6)

|THINK|

여기서 정식으로 아브라함이 여호와를 믿으니 라는 말이 나온다. 그것을 하나님은 의로 여기신 것이다. 이 믿음은 어떻게 생긴 것인가? 결코 아브라함이 혼자 창작해 낸 것은 아니다!

3. 이 아브라함의 믿음 –우리의 구원의 믿음 역시– 은 바로 하나님의 선물입니다. 이 믿음의 근거는 무엇입니까? (엡 2:8)

더깊은 생각을 위하여

정식으로 아브라함이 하나님을 인정케 되었습니다. 그러나 아브라함이 여기까지 이른 것은 하나님이 부르시고 등을 떠민 결과입니다. 그렇다면 당신은 언젠가 입을 열어 예수님을 주님으로 인정 케 되었던 날이 있었다면 그것은 어떤 결과입니까?

탐구2 완전을 요구받은 아브라함

하나님은 아브라함의 후사를 약속하셨습니다. 그러나 세월은 가고 자신은 늙어갔습니다.

1. 아브라함과 그의 아내 사라는 어떤 수단을 씁니까? (16:2, 15)

---

2. 이번에는 이미 믿음의 사람이 된 아브라함의 불신앙을 하나님이 묵과하지 않았습니다. 그 결과가 어떻게 나타납니까? (16:16↔17:1의 시간적 계산을 해 볼 것)

당신은 혹 가장 가까운 누구와 냉전을 가져본 적이 있습니까? 아브라함에게 가장 가혹한 징계는 하나님의 침묵이었습니다.

3. 드디어 나타나신 하나님의 말씀은 어떠했을까요? 무엇을 요구하십니까? (17:1)

---

4. 이 때 아브라함에게 어떤 변화가 주어집니까? 또 그 의미는 무엇입니까? (7:5)

---

5. 그리고 하나님은 아브라함에게 재차 언약을 확인하기위해 어떤 징표를 주십니까? (17:10, 11)

※ 하나님과 아브라함의 언약 의식은 이미 있었다(15:7-17상). 그 언약을 파기하는 자는 그 제물처럼 죽어야 했다. 그러나 하나님은 그 제물 사이를 홀로 지나심으로(15:17) 인간의 그릇됨에도 불구하고 끝까지 지키실 것을 확증 하셨다. 그런 뒤에, 아브라함은 언약을 못 믿고 스스로 이스마엘을 낳았던 것이다!

|THINK|

이 고집스런 하나님의 신실하심이 우리의 구원 여정에도 적용되고 있다!

탐구3 독자를 요구받는 아브라함

어느 날 하나님은 아브라함에게 어떤 요구를 하십니다.

1. 그 내용은 무엇이며, 어떻게 순종합니까? (22:1-3)

사건은 어떻게 해결됩니까? (22:13)

여기서, 그는 어떤 인정을 받습니까? (22:12)

이 절대적인 순종의 믿음이 하란이나 애굽에서도 가능했을까요?

2. 22:17,18에서 천하 만민이 누구를 통해 복을 받습니까?

이것은 누구를 가리킵니까? (갈 3:16)

예수님은 어떻게 표현하십니까? (요 8:56)

|THINK|

예수 그리스도 안에서 구원 얻은 신령한 후손들이 네 자손 곧 이삭으로 상징된 그리스도로 인해 많은 것을 나타낸다. 그러므로 아브라함을 모든 믿는 자들의 조상이라 한다(마 8:11).

3. 아브라함의 생애를 히브리서 기자는 뭐라고 합니까? (히 11:10)

더깊은 생각을 위하여

그는 순례자의 삶을 살았다. 그의 소유는 오직 하나 막벨라 굴, 그의 아내와 함께 묻힌 무덤이었다. 한 갈대아의 이방인을 우리의 조상으로 세우신 하나님을 찬양하자.

성 찰

아브라함에게 있어 하나님은 대체 어떤 분이시기에 독자를 드릴 수 있었을까?

7과

롯

무기력한 의인

읽을말씀 : 창세기 19장

초 점 : 끝까지 세상을 떨쳐버리지 못하는 초라한 성도의 삶

스 케 치 : 롯('휘장, 덮개')은 아브라함의 동생 하란의 아들이다. 그의 일생은 아브라함의 기사와 얽혀있다. 그는 소돔 성에 거하다가 극적으로 구출되나 근친상간의 죄를 범하여 모압과 암몬인의 조상이 되었다.

탐구1 출발

1. 롯의 가족 관계를 살펴보십시오. (11:27, 31)

___

2. 그는 아브라함과 더불어 생을 엮어가기 시작합니다.
   우르 → 11:31 (　　) → 12:5 (　　) → 애굽 → 13:1 (　　)
   물론 롯은 아브라함이 하나님을 경외하는 모습들도 보았을 것입니다.(12:8, 9) - 요즈음, 당신은 주로 누구에게 영향을 받으며, 누구와 더불어 길을 걷고 있습니까?

___

탐구2 선택

애굽 왕으로부터 선대를 받고 돌아온 아브라함과 롯의 형편은 전과 같지 않았습니다.

1. 이제까지 롯이 추종해오던 아브라함과의 사이에 어떤 문제가 생겼습니까? (13:5-7)

___

2. 피차 나뉠 지점에서, 롯은 재빠른 선택을 하게 됩니다. 롯이 이기적 동기의 선택이 가져오는 일련의 모습들을 정리해 보면?
   - ☐ 본것→(13:10)________
   - ☐ 느낌→(13:10)________
   - ☐ 행동→(13:11)________
   - ☐ 정착→(13:12)________

   ※ 슬프게도 롯은 애굽 땅 같은 그 비옥한 곳을 동경하며 그 기름진 동산 속에 썩은 소돔 성이 있음을 잊고 있었습니다. 한 번 더 생각해야 했는데….

|THINK|

여기서 은금이란 말이 처음 등장한다. 물론 풍부라는 말도. 그러나 그곳에 싸움이란 말도 따라 나왔다. 아브라함은 그 조카롯을 얼마나 사랑했던가! 그러나 물질의 풍부로 오직 근심이 그들을 나뉘게 하였다. 예나 지금이나 재물은 그 소유자들을 많은 근심으로 찌르거늘!(딤전6:10)

탐구3 선택, 그 이후

롯은 그 곳에서 눌러 앉아 살고 있었습니다. 어쩌면 높은 관리직을 맡았는지도 모릅니다(19:1).

1. 그러나 소돔과 고모라의 형편은 어떠했습니까? (13:13)

   ____

   롯의 입장은 어떠했습니까? (벧후 2:7,8)

   ____

2. 그는 성도의 그림자임이 분명합니다. 그러나 그는 아직도 세상을 더 사랑하는 육신적인 성도였습니다. 다음 구절에서 롯의 도덕관과 영향력을 진단해 보십시오.

   □ 19:8______________________________

   □ 19:14______________________________

|THINK|

마네킹 같은 그리스도인, 타협하는 신자가 어떻게 세상을 변화시킬 것인가!

3. 맨 처음 롯에게 주어진 징계(혹은 경고)의 내용은 무엇입니까? (14:11, 12)

   ____

   이 해결을 누가 어떻게 합니까?

   ____

   (14:14-16. 물론 이 일은 하나님의 이적이었다) 이때에 롯은 아주 소돔을 떠났어야 했습니다!

4. 결국 하나님은 사악한 도성을 지구상에서 없애버리기로 하셨습니다. 그 마지막은 어떠했습니까? (19:24, 25)

   ____

   롯의 가족들은 스스로 떠났습니까? (19:15, 16)

   ____

※ 더구나 뒤를 돌아보아 소금 기둥이 된 롯의 처는 오고 오는 세대에 슬픈 경종(警鐘)이 되고 있다.

더깊은 생각을 위하여

기름진 소돔땅에 연연하여 차마 떠날 수 없었던 롯은, 마침내 불 심판을 받게 될 때에야 도망쳐 겨우 구원을 얻을 수 있었다. 그의 아내는 더욱 세속적이었다. 말세의 성도들도 롯과 같이 구원은 얻되 불 가운데서 겨우 얻는 구원이 있으리라 고 성경은 경고하고 있다(고전 3:12-15).

성 찰

나의 삶 속에서도 떠나야 할 소돔 (어떤 자리, 습관, 취미, 욕심...) 은 없는가?

8과

욥

고난의 산 증인

읽을말씀 : 욥기 23:10-14

초　　점 : 성도의 삶에 허락하시는 시련의 가치

스 케 치 : 욥('핍박받는')은 우스 땅에 사는 이방인임에도 불구하고 비범한 수준의 경건을 지닌 성도였다(11:1-5). 하나님은 그를 자랑스럽게 여기고 계셨다. 그러나 사단은 욥의 신앙의 동기가 부유함에 있다며 모진 시험을(하나님의 허락 하에) 가하게 된다. 욥은 이 '이유 없는 고난' 에 몸부림친다.

탐구1 고난의 아픔

1. 욥의 가정에, 어느 날 엄청난 재난이 밀어닥칩니다. 종들은 비보(悲報)를 가져오는데…
   - ☐ 비보 ① (1:14, 15)______________________
   - ☐ 비보 ② (1:16)______________________
   - ☐ 비보 ③ (1:17)______________________
   - ☐ 비보 ④ (1:18, 19)______________________

   그럼에도 불구하고 욥의 자세는 어떠합니까? (1:21)

   ____

2. 이쯤에서 끝났다면 얼마나 좋을까요? 그러나 더 진한 아픔이 계속됩니다. 다음에서 그가 잃은 것들은 무엇입니까?
   - ☐ 2:4-8______________________
   - ☐ 2:9______________________

3. 더 이상 남은 것이 있습니까? 이 소식을 들은 세 친구가 욥에게 찾아옵니다. 그들의 마음은 어떠했습니까? (2:11, 12)

   ____

   ※ 이 후로 욥기서는 기나긴 토론으로 계속된다. 친구들은 "생각해봐라. 죄없이 고난 받는 자가 어디 있는가?"라고 주장하였고, 욥은 "억울하다. 이유를 모르겠다"라고 답변했다. 그리고 비틀거린다.

4. 당신의 생각은 어떻습니까?

   ____

탐구2 고난의 유익

결국 욥의 고난은 하나님의 판결과 보상으로 해피엔딩(happy ending)으로 막을 내립니다.

1. 친구들과 욥의 논쟁의 결론은 어떻게 내려집니까? (42:7)

   ____

|THINK|

욥이 정당했다! 그러나 욥이 칭찬을 받은 것은 아니었다. 오히려 38장 이후에는 대답 못 할 하나님의 질문들이 쏟아진다. 그렇다. 고난에는 깊은 원인과 답이 있었다.

2. 하나님의 마지막 보상을 처음과 비교해 보십시오. (42:12)

	처 음	나 중
양		
약대		
소		
암나귀		
자녀수		

※앞서 간 자녀들은 훗날 다시 만날 것이기에 배로 주실 필요가 없었습니다.

탐구3 고난의 교훈

그러나 진정한 의미에서의 고난의 유익은 소유물이나 명예의 회복이 아니었습니다.

1. 그가 고난 중에 깨달은 진리 가운데 놀라운 것은 19:25, 26에 있습니다. 그 내용은 무엇입니까?
   - □ 19:25________________________________
   - □ 19:26________________________________

   고난이야말로 성도로 하여금 밝은 영혼의 눈을 뜨게 하는 약입니다.

   ____

2. 고난을 통과한 욥을 다른 성경 기자들은 무엇이라고 묘사합니까?
   - □ 에스겔 14:14________________________________
   - □ 야고보서 5:11________________________________

3. 23:10에서는 고난의 참 의미가 요약되고 있습니다. 여기에서,
   - □ 고난의 주도자는?________________________________
   - □ 고난의 목적은?________________________________
   - □ 고난의 결과는?________________________________

더깊은 생각을 위하여

"왜 하필 내게 이런 일이…." "주님, 내 앞날을 평탄케 하옵소서." 이것이 우리들의 말이다. 그러나 신자의 생활은 절대로 행복하고 평탄하지만은 않다. 우리에게는 하나님의 자녀로서의 성장이 필요하다. 그가 요구하시는 수준이 있다. 이것이 욥기에서 하나님이 사단으로 하여금 욥을 시련과 재난 속에 집어넣도록 허용하신 의미이다.

성 찰

만일 욥기서가 마지막 42장이 없이 끝났다면 어떨까 생각해 보자.
(힌트 : 소유의 회복이 없이)

9과 이삭

희생양의 모형

읽을말씀 : 창세기 26:1-25

초　　점 : 이삭의 인생에 굴곡과, 예시되어지는 구속의 모형에서 주는 교훈은 무엇인가?

스 케 치 : 이삭('웃음')은 이스라엘의 2대 족장이며 아브라함과 사라 사이에 태어난 아들이다. 그는 약속에 따라 브엘세바에서 아브라함의 나이 100세 때에 태어났다. 그는 40세에 리브가와 결혼하여 에서와 야곱을 낳았고 180세에 막벨라 굴에 장사되었다.

탐구1 언약의 아들

하나님은 이삭의 출생을 예고하셨을 뿐만 아니라 그의 이름을 지으셔서 부르셨습니다(창 17:19).

1. 하나님은 아브라함과 맺은 언약을 어떤 방법으로 확증하시기를 원하셨습니까? (창 17:16)

   ____

   인간 아브라함과 사라는 웃을 수 밖에 없었는데 그 이유는 무엇입니까? (17:17)

   ____

   그러나 하나님은 그 불가능을 가능케 하셨고, 이삭은 언약의 후손답게 난지 (　　)일 만에 할례를 받았습니다. (21:1-4)

   ※ "당신이 참으로 하나님을 믿는다면, 어떻게 라고 하는 질문을 십자가에 못 박아야 한다" - M.루터-

2. 하나님이 부친과 맺으셨던 언약은 이삭에게서 재차 확인됩니다.

   "…내가 네 아비 (　　　)에게 맹세한 것을 이루어
   (　　　)을 하늘의 (　　　)과 같이 번성케 하며, 이 모든
   (　　　)을 네 (　　　)에게 주리니, 네 (　　　)을
   인해 천하 만민이 (　　　)을 받으리라." (26:3, 4)

3. 그래서 오늘날 모든 신자들은 어떻게 불리울 수 있습니까? (갈 4:28)

   ____

   ____

탐구2 이삭의 가정

맨 처음 이삭이 신부를 맞아들이는 장면은 가히 목가적(牧歌的)입니다.

1. 신부감의 기본적인 자격은 누가 결정했으며, 그 내용은 무엇입니까? (24:2-4)

   ____

   ____

2. 들에서 신부를 기다리는 이삭의 모습은 우리에게 무엇을 가르치고 있다고 봅니까? (24:63)

이때, 그의 나이 이미 40세였음을 기억하십시오. 이제 온 가족의 축복 가운데 결혼을 하게 됩니다.

3. 좋은 출발에 반하여, 훗날의 그의 가정은 평탄한 것만은 아니었는데…그 이유를 말해보십시오. (27:1-10)

이러한 현상은 우리의 가정에 어떤 교훈을 줍니까?

탐구3 영광과 수치

뭐니 뭐니 해도 이삭의 생애 중 가장 우리의 주목을 끄는 것은 모리아 산 위의 사건입니다.

1. 당신이 소년 이삭이었다고 가정하고, 그 날의 일기를 간략히 써보십시오. (배경 22:1-14)

×월 ×일, 웬일인지 아버지는 새벽 부터……

이 날 사건 중, 당신(이삭)이 가장 견디기 어려웠던 순간은 언제였습니까?

|THINK|

여기서, 죽기까지 복종하는 이삭의 모습은 어린 양 예수의 모습이 아닐 수 없다. 결박당한 이삭의 모습은 갈보리 산 십자가에 달리신 구주의 모습이 아닌가! 아브라함의 모습은 바로 성부의 모습이 아닌가! 더구나 모리아 산은… 후일의 갈보리 산임이 분명함이랴!

2. 그러나 훗날 가장이 된 이삭의 어떤 실수를 성경은 끄집어내고 있습니까?(26:1, 6)

이삭이 낸 책략은 무엇입니까?(26:7)

※ 이 사건은 이미 80년 전, 부친이 겪은 수치스런 행위(12장)와 너무도 흡사하지 않은가. 같은 부끄러움이 반복되는 그들… 역시 불완전한 인간의 행진을 보게 된다.

3. 그런 한 편, 이삭은 하나님의 사람다운 행위를 보이기도 하였습니다. 그 사건을 요약할 수 있습니까? (26:21, 22)

4. 그 내용의 행위들이 어떤 결과를 가져왔습니까? (26:28 이하)

더깊은 생각을 위하여

후손에 관한 언약은 이삭에게서 다시 확인되었다. 그럼에도 불구하고 결혼 후 20년이 지난 60세가 되도록 아들은 없었다. 그의 씨가 하늘의 별 같으리라는 약속은 취소되었는가? 그 때 이미 이복형인 이스마엘은 벌써 12형제를 낳고 있었다(25:16). 결국 이삭 부부에게는 20년의 긴 기도가 요구되었다(25:21). 왜 인가? "너희에게 인내가 필요함은 하나님의 뜻을 행한 후에 약속을 받기 위함이라"(히 10:36). …부친은 10년을 참지 못해 슬픈 역사를 남기지 않았던가?

성 찰

이삭의 인간적인 약점과 강점을 살펴보고, 나 자신과 비교해 보자. 그것들은 어떻게 극복될 수 있을까?

10과

에서

낭비된 생애

읽을말씀 : 창세기 25:21-34

초 점 : 영원과 순간의 사이에서 어떤 선택을 할 것인가?
또 하나님의 주권은 어떻게 나타나는가?

스 케 치 : 에서('다투다')는 이삭과 리브가의 맏아들로서 에돔 사람들의 조상이 되었다. 그는 장자권을 소홀히하여 동생에게 팔았으며, 그 이후 분노에 가득찬 생을 살아간다. 그는 세일에 거주했으며, 그의 후손들이 거기서 번영했으므로 세일 산은 에서의 산으로 불리운다. 진실로 그는 경고의 기념비적 존재이다.

탐구1 숙명적인 출생

기나긴 기도와 기다림 속에 드디어 이삭의 가정에 희보가 날아들었습니다.

1. 더구나 리브가의 태중에는 둘씩이나(쌍둥이) 들어 있었습니다. 그런데 이에 대한 하나님의 언급은 어떤 것이었습니까? (25:22, 23)

   ____

   그러나 이것은 장자에게만 상속권이 있다는 고대의 법과는 정반대의 것이었습니다. 이 사실을 바울은 어떻게 설명합니까? (롬 9:10-14)

   ____

   그런데도 우리는 왜 하나님이 야곱을 사랑했느냐고 이의를 제기하곤 합니다. 인간은 단지 토기장이의 손에 들린 한 줌의 진흙에 불과한데도 말입니다.(롬 9:19-21)

2. 이 사실이 이삭 부부에게 주지되었지만, 상황은 여의치 않았습니다. 다음을 완성해 보면? (25:24-28)

형	동 생
이　　름 :	이　　름 :
성　　격 :	성　　격 :
행동반경 :	행동반경 : 장막주위
아버지가 사랑함	______________

탐구2 영원 대신 선택한 순간

그들이 장성한 어느 날(25:27) 한 사건이 생겼습니다.

> 여기서 본문 25:28-34을 배경으로 역할극(Role Play)을 해봅시다.
> (배역 : ① 에서② 야곱 ③ 해설자)

1. 극 후, 각 배역자의 소감을 말해 보십시오. 그리고 모두가 에서 에게 느끼는 솔직한 심정을 말해 보십시오. 아무래도, 간교한 동생보다 우직한(인간적인) 형에게 동정이 가지 않습니까? 그럼에도 불구하고 성경은 어떻게 말합니까?(히 12:16)

※ 여기서 망령된 자란, 믿음을 배신한 자라는 뜻이다. 이는 육적, 일시적 즐거움 때문에 미래의 복을 포기하는 감각적인 사람을 가리킨다(빌 3:18, 19).

2. 에서의 그릇된 삶의 자세는 또 어떤 양태로 나타납니까? (26:34, 35)

ITHINKI

하나님이 금한 이방인(우상을 섬기는)과의 결혼을 행한 것은 그의 나이 40세 때였다. 이것은 바로 그의 부친 이삭이, 믿음을 가진 친족 중에서 리브가를 맞이한 때와 같은 나이였다. 얼마나 그의 삶은 하나님과 그의 부모의 뜻을 떠나고 있었는가!

3. 세월은 흘러갔고…이삭의 나이가 130세 가량 되었을 때, 그는 족장으로서의 마지막 특권인 자식에 대한 축복권을 행사하려 하였습니다(민 6:27). 그래서 그는 누구에게 어떤 지시를 내립니까?(27:1-4)

이삭은 이 때 마땅히 하나님의 뜻을 물었어야 했는데, 단지 세상의 풍속을 따라 에서를 축복하려 했던 것입니다. 그러나 여기서 갑자기 리브가가 등장하며 상황은 급전환되기에 이릅니다.

4. 동화에 재능이 있는 한 사람을 택하여 27:5-29을 간략하게 구연해 봅시다.

5. 결국 그 축복은 야곱에게 돌아옵니다. 그 내용이 아닌 것은 무엇입니까?

① 풍부한 양식
② 다른 형제의 후손을 다스림
③ 그를 축복하는 자에게는 축복이 옴
④ 황제가 됨

탐구3 회복할 수 없는 축복

1. 뒤늦게 온 에서의 심정은 어떤 것이었을까요? 또 이삭의 응답은 무엇이었습니까? (27:38-40)

※ 이것은 결코 축복일 수가 없었다. 황폐된 땅과 지배받는 민족(삼하 8:14)으로 예고되었을 뿐이다.

이 사실은 어떻게 판단됩니까?(히 12:17)

더깊은 생각을 위하여

아버지 이삭은 육신으로 에서가 장자이며 남성답다는 점을 들어 하나님의 뜻과는 무관한 에서를 축복하려 했다. 이것은 하나님 앞에서 결정적인 실수였다. 왜냐하면 하나님께서 이미 족장의 대(代)를 이을 자에 대해서 그에게 계시한 바가 있었기 때문이다(25:23). 성경은 이 사실을 도처에서 증거하고 있다(말 1:2, 3 ; 롬9:11-13).

성 찰

모친 리브가의 행동 을 어떻게 생각하는가?
(리브가는 야곱이 떠난 그 이후 아들을 보지 못한 채 죽음...)

11과

야곱1

투쟁하는 육신의 사람

읽을말씀 : 창세기 28:10-22

초　　점 : 하나님의 일은 하나님의 사람을 통해 하나님의 방법으로 이루어진다.

스 케 치 : 야곱('약탈자')은 이삭과 리브가의 둘째 아들로, 에서와 쌍둥이이다. 하나님은 이미 태중에서 야곱을 택했다. 그러나 그는 이 모든 사실을 자신의 타고난 지략으로 해결하려 하였다. 결국 극심한 삶의 굴곡을 거쳐야 했으니 장자 명분의 탈취, 도주, 벧엘의 사건, 그리고 하란에서의 생을 겪게 된다.

탐구1 당신의 마음에 들지 않는 야곱

1. 야곱은 어떤 자세로 생을 시작합니까?(25:26)

____

그 다음에 저지르는 일은 무엇입니까?(25:31)

____

아무래도, 가까운 친구로 삼고 싶지 않은 사람…이것이 인간 야곱이었습니다. 그럼에도 불구하고, 하나님은 그를 택하셨습니다(롬 9:11). 이는 물론 그가 태어나기도 전의 일입니다.

|THINK|

성경은, 단지 하나님이 야곱을 택하셨음을 말할 뿐이다. 이는 그가 에서보다 나아서가 아니라 단지, 하나님께 붙들렸기에 그의 인생을 붙들고 간섭하기 시작한 것이다. 그러므로 이제부터 제기되는 야곱의 생의 갈등은 하나님의 인도와 야곱의 불순종 간의 갈등인 것이다.

2. 드디어 야곱은 에서로 부터 무엇을 받아냅니까?(25:33)

____

야곱은 어머니로 부터 얻은 비밀(25:23)을 밑천으로 장자의 명분을 얻기위해 아버지를 속입니다.

※ 구약에서는 언제나 가문을 잇는 사람은 장자이어야만 했다. 차남은 그 가문의 족보에도 들어가지 않았다. 다음 족보를 보면, (예) 아브라함→이삭→(　　　　)→유다→…예수 그리스도

그러므로 장자의 명분을 취한다는 것은 나는 예수님이 필요하다 는 깊은 의미를 갖는다. 그런데 에서는 그것을 경홀(25:34)히 여기는 망령된 행위를 한 것이다.

여기서 신앙의 큰 갈림길이 나옵니다. 그 이후 두 족속은 대립으로 나타납니다.

탐구2 하란으로의 망명

야곱은 지금 아버지를 속이고, 형으로 부터 축복을 탈취한 일 때문에 어디론가 도주를 하고 있습니다.

1. 창세기 28장을 보면서 상황을 설명해 보십시오.

2. 요주의!

□ 이 꿈은 야곱이 만든 것입니까? 하나님이 주신것입니까?

□ 사다리는 야곱이 놓은 것입니까? 하나님이 놓으신 것입니까?

|THINK|

그렇다! 야곱이 하나님을 찾아간 것이 아니라, 하나님이 야곱을 찾아오셨다. 인간이 하나님을 찾은 것이 아니라, 하나님이 인간을 찾으셨다. 그 사다리야말로 하나님이 내려오시려고 놓으신 것이다. 이보다 아름다운 일이 어디 있겠는가?

3. 본문 14절이 낯익지 않습니까?______과______에게 약속하셨던 그 것이었습니다. 이 약속들 가운데서 15절을 살펴보십시오! 어느 부분이 가장 눈길을 끕니까? (힌트: 그는 지금 이 땅을 떠나가고 있었음)
   ① 함께 하리라
   ② 지키리라
   ③ 돌아오게 하리라
   ④ 이루리라

   비록 일을 저지르고 떠나갔지만, 끝내는 허락된 이 땅을 소유할 수준의 사람이 되어 돌아오도록 할 것입니다. 누가? 하나님이!

4. 긴 여행 후 도착한 하란, 그곳엔 외삼촌이 살고 있었습니다.

□ 29:20, 25의 상황을 설명할 수 있습니까?

□ 31:40-42은?

이상에서 당신이 간파한 라반이라는 인물은 어떤 사람입니까?

간교했던 야곱은 책략에 더 능한 라반을 만나 쓰라린 20년을 보내게 됩니다(갈 6:7). 이는 야곱을 위해 특별히 마련한 하나님의 훈련장이었습니다.

더깊은 생각을 위하여

우리는 우리가 겪는 고통을 기준으로 한숨을 내쉬곤 한다. 그러나 하나님 아버지의 훈련 시간표는 집요하고 때론 아플수도 있다. 속임의 명수였던 야곱은 말년에 자식들로부터도 그런 일을 겪어야 했다(37:31–34). 그러나 우리는 부모가 없어서 아무 간섭도 안받는 고아를 부러워할 수는 없다. 그러므로 시련과 징계는 소중한 것이다. 서서히 하나님의 사람으로 변해가는 야곱을 보지 않는가?

성 찰

하나님은 왜 자녀들 –당신과 나를 포함한–에게 쓰라린 훈련을 시키실까?

12과

야곱2

순종하는 하나님의 사람

읽을말씀 : 창세기 35:1-32

초　　점 : 하나님의 손에 붙들리어 이루어져 가는 생은 얼마나 아름다운가!

스 케 치 : 야곱의 후반기의 생애는 하란의 긴 타향살이를 마치고 귀향길에 오름으로 시작된다. 얍복강에서의 하룻밤은, 그의 이름이 바뀜과 동시에 새로운 전환점이 되고, 그 후 세겜을 거쳐 벧엘에 이른다. 말년에는 애굽으로 대 이주를 하게 되나, 죽은 후에는 약속의 땅에 장사(50:13)될 뿐 아니라, 그의 후손들이 조상의 땅으로 복귀할 것을 예언하기도 한다(48:21).

탐구1 얍복나루의 긴 밤

하란에 머물던 어느 날, 야곱은 하나님으로 부터 네 조상의 땅(가나안)으로 가라는 명을 받습니다.

1. 이 때에 야곱에게 당면한 문제는 무엇이었을까요?

____

☐ 라반과의...____________________

그러나 라반과의 관계는 하나님의 간섭(31:24, 29)으로 해결됩니다. 그러나 형 에서와의 문제가 해결되기 위해서는 야곱 자신의 큰 영적 변화가 요구되고 있었습니다.

2. 결국 당당한 금의환향이랄 수 없는 심정의 야곱-결국 어떤 책략을 또 씁니까?

____

|THINK|

형 에서가 400인의 대부대를 이끌고 마주 오고 있었다. 그렇게 많은 수행자가 왜 필요하단 말인가? 또 야곱이 오는 것을 어떻게 알았단 말인가? 야곱의 심정은 어떠했을까?

3. 야곱의 작전을 보면,

☐ 무리를 몇 떼로 나눕니까?(32:13=19)____________

☐ 그 이유는 무엇입니까?____________________

____

그렇다면 아직도 그는 자신의 지략에 의지한 삶을 포기하지 않은-변화되지 못한-사람이었습니다.

4. 불안한 그는, 홀로 얍복 강변에 남아 불면(不眠)의 밤을 지내고 있었습니다. 그런데, 그 때 어떤 일이 시작됩니까?(32:24)

____

이 순간을 호세아 선지자는 어떻게 말합니까? (호 12:2, 3)

____

| THINK |

이 싸움은 결코 야곱이 먼저 시작하지 않았다. 그는 단지 어둠 속에서 수세에 몰린 채 생사를 건 싸움을 하고 있었다. 이는 오히려 하나님을 대적하는 모습이 아니겠는가? 이 사건을 단순히 얍복 강변에서의 철야기도로만 해석하기에는 무리가 따른다.

5. 끝까지 항거하는 야곱에게 드디어 어떤 형벌이 내립니까?

| THINK |

이제껏 져 주었던 그 어떤 사람은 분명 하나님의 사자였다. 환도뼈의 위골은 분명히 징계였다. 이제 야곱은 더 이상 어쩔 수 없다는 것을 깨달았다(이제까지의 삶은 자기 힘으로 어쩔 수 있다는 것이었다). 이제야 야곱의 신령한 눈이 열린 것이다.

탐구2 이스라엘이라 하라!

이제, 울며 축복을 호소하는(호 12:4) 모습을 우리는 비로소 기도라고 볼 수 있습니다. 하나님은 얼마나 기뻐하셨는지!

1. 이때 야곱에게 어떤 변화가 주어집니까?(32:28)

※ 이는 하나님이 다스리신다는 뜻이기도 하다.

2. 하나님과 화목케 된 다음날 어떤 일이 벌어집니까?(33:3, 4)

하나님은 원한에 찬 에서의 마음을 녹여 혈육의 정을 나누게 하셨습니다.

탐구3 정리되는 생

1. 하나님의 지시에 따라 어디로 가게 됩니까? (35:1) 이곳과 야곱의 어떤 관계 를 기억할 수 있습니까?

※ 지난 30여 년 동안 하나님은 그와 함께 하셨다. 그는 신실하셨다. 그러나 야곱은 서원대로 실천했던가?

2. 그때, 야곱이 자기 가족에게 내린 명령은무엇입니까?(35:2)

아직도 야곱과 그 가족은 이방 풍속과 우상을 청산하지 못하고 있었습니다.

3. 그러나 말년의 야곱은 차라리 성자와도 흡사한데, 다음의 경우 옛날의 야곱이라면 어떠했을까요?

- □ 창 43:1, 2 "양식을 조금 사라"
- □ 창 43:14 "자식을 잃게 되면 잃으리라"
- □ 창 45:28 "먼저 하나님께 제단을 쌓자"

이제 당신의 느낌은 어떻습니까?

더구나 애굽에 온 야곱은 바로 왕에게 손을 들어 축복해 줄 수 있는 (47:7-10) 사람이 되었습니다.

더깊은 생각을 위하여

노년기에 그의 육신의 눈은 어두웠으나 심령의 눈은 밝았다(48:10). 그는 부친과 같은 실수를 하지 않았다. 정확히 손을 어긋맞추어 차자(次子)를 축복할 만큼 그의 영안은 맑았던 것이다(48:19, 20).
또한 위대한 선지자로 후손들에게 예언적인 축복을 할 수도 있었다! 성경의 어느 족장이 경건하고 신앙적인, 이만한 성화 수준에 이르렀단 말인가?

성 찰

야곱이 말한 험악한 세월(47:8)을 회고해 보고, 하나님의 역할을 생각해 보자.

13과

유다

은혜로 세움받은 메시야의 조상

읽을말씀 : 창세기 44장

초　　점 : 회개하는 인간과 무한하신 하나님의 자비로움.

스 케 치 : 유다('찬양')는 레아의 소생으로 야곱의 넷째 아들이며 형제들 중에서 강한 지도자였다. 그의 생애 가운데는 흠도 많았지만 메시야의 조상으로 선택되었다.

※ 다음 야곱가족의 도표는 유다와 요셉을 공부하는 데 도움이 될 것입니다.

아내		첩	
레아(암소)	라헬(암양)	빌하(어리석음)	실바(한 방울)
①르우벤(보라, 아들이라) ②시므온(들으심) ③레위(연합함) ④유다(찬송함) ⑤잇사갈(값) ⑥스블론(거함)	①요셉(더함) ②베냐민(오른손의 아들)	①단(억울함을 푸심) ②납달리(경쟁함)	①갓(복됨) ②아셀(기쁨)

탐구1 자랑스럽지 못한 아들

1. 창세기 39장을 배경으로 다음의 (　　　)를 채우십시오.
   야곱에게는 두 아내가 있었는데, 그 이름은 (　　　　)와 (　　　　)이었다. 야곱은 특히 (　　　)을 사랑했다. 그런데 유다는 (　　　)의 (　　　)번째 아들로서주목을 끌 만한 위치에 있지 않았다.

2. 어느 날, 열명의 형제는 들판에서 요셉을 해하려는 공모를 하고 있었습니다.
   - □ 이때의 상황과 유다의 역할은 무엇입니까? (37:26, 27)

   ____

   - □ 그는 이 모의(謀議)가 극악해지는 것을 원치는 않았다. 그러나 단호히 반대하지도 않았다.

3. 유다는 아버지를 슬프게 한 아들이기도 했는데 그 이유는 무엇입니까? (38:2)

   ____

   - □ 아브라함이 이삭의 배필을 어떻게 구했는지 기억해봅시다.
   - □ 그 결과가 어떻게 나타납니까?

   ____

탐구2 이 난해한 사건

1. 그러나 유다는 이미 가나안 족속에게 동화되어 살고 있었습니다. 어느 날 어떤 사건이 생깁니까? (38:15-17)

   ____

|THINK|

성경은 이 수치스런 사건을 그대로 기록하고 있다. 유다는 가나안인들이 흔히 범하는 -현대의 어떤 사람들이 범하는- 음란행위를 답습한 것이다. 여기서 우리는 또 다시 별 수 없는 인간을 발견할 뿐만 아니라 (뒷날 나타나는) 하나님의 은혜를 보게 되는 것이다.

2. 이일로 인해 그는 무엇을 상실합니까? (대상 5:2)

____

※ 왜 하나님이 이스라엘을 애굽으로 격리시키셨는지 아는가? 뒷날 하나님은 가나안족을 지상에서 영원히 지워버리셨다.

3. 반면에 다말의 행위에 대한 해석에는 사려를 요합니다. 사건이 밝혀진 뒤 유다는 어떻게 말합니까? (38:26)

____

※ 수혼(搜婚)제도는, 고대 민족들 가운데 행해지던 관습이었다. 즉 어떤 사람이 후사가 없이 죽었을 경우, 남동생이 형수를 아내로 맞아 형의 가문을 잇는 것이었다. 이것은 후에 율법에 포함되었다(신 25:5-10). 예수님을 시험하던 사두개인들의 질문을 기억하자(마 22:23-33).

4. 다말이 일을 꾸미게 된 직접적인 동기가 무엇입니까? (38:14)

____

※ 그녀는 아들을 낳아 이스라엘 민족의 조상이 되길 원했다. 이 선한 욕심- 비록 그 방법이 잘못되었음에도 불구하고-에 하나님은 징계로 반응하지 않으셨다. 여기에서 두 아들이 태어났다.

탐구3 새 사람, 큰 축복

1. 세월이 흘렀고, 가나안에 큰 가뭄이 들었습니다. 그들은 곡식을 사러 애굽으로 갔으며, 거기서 만난 까다로운 총리는 막내까지 데려오라고 호령합니다. 이때 유다의 태도는 어떻습니까? (44:33, 34)

____

2. 철저히 회개한 그의 모습을 봅니다. 결국은 어떤 일이 이어집니까? (46:28)

____

3. 유다는 아버지로 부터 어떤 축복을 받습니까? (49:8)

10절은 무엇을 의미할까요?

※홀 은 권세의 표징이요, 다윗으로 이어지는 왕권을 나타내고, 실로 는 그리스도, 구세주를 나타낸다.

4. 예수님의 족보에서 당신은 누구를 발견합니까? (마 1:3)

더깊은 생각을 위하여

유다 자신도 불륜한 관계로 태어난 아들을 하나님이 축복하시리라고 생각지 못했을 것이다. 그러나 베레스를 통하여 후에 열왕들이 태어났으며, 마지막에는 그리스도께서 태어나셨다. 결국, 유다가 그리스도의 조상이 된 것은 그의 선행에 의함이 아니라 하나님의 선하신 뜻에 의한 것이다. 하나님이 우리를 택하시고 구원을 얻게 하심도 마찬가지다.

성 찰

유다가 쾌락을 위해 도장과 지팡이를 저당 잡혔듯이, 때로 우리는 세상의 어떤 것을 위해 영혼을 저당 잡히지않는가?

14과

요셉1

가파른 세월

읽을말씀 : 창세기 37:1-11

초　　점 : 하나님은 그의 사랑하는 자녀를 어떻게 다루시는가?

스 케 치 : 요셉('더하다')은 이스라엘의 4번째 족장이며, 야곱의 11번째 아들이다. 그는 젊은 날 형들의 시샘 속에 이방으로 팔려가며 종살이로, 감옥생활로, 가파른 세월을 살게 된다. 그러나 이스라엘을 지키시려는 하나님의 섭리는, 요셉의 인내와 순종과 더불어 영광의 날을 맞게 된다.

탐구1 이상한 가정

요셉은 부친 야곱 못지않게 환난을 겪은 족장이었으나 그 내용은 달랐습니다. 즉 요셉은 자기의 잘못과는 무관하게 많은 고초를 겪게 되는데...

1. 관련 있는 것끼리 선으로 이어 보십시오.

가. 야곱에게는 아내가 많았다.	●	●	요셉의 채색옷
나. 형제들 간에 갈등이 있었다.	●	●	열 둘이나 되는 아들들
다. 부친은 편애를 하였다.	●	●	가정의 죄

※채색옷은 가장 크게 사랑받는 자의 상징이다. 이는 야곱이 요셉을 상속인으로 택하려는 의도가 아니었겠는가?

2. 요셉의 꿈 이야기를 간단히 살펴보십시오.(창 37:1-11)

□ 그에 대한 반응은 어떠합니까?

아버지 : ____________________

형제들 : ____________________

□ 그러나 형들에 대한 요셉의 자세는 어떠했으리라고 짐작됩니까? (37:13, 17)

____

탐구2 이유없는 환난

요셉은 형들에게 줄 음식물을 들고 먼 길을 찾아갔습니다. 그러나…

1. 형들은 어떤 모의를 합니까?(37:18-20) 이렇게 하여 17세의 어린 소년의 강제 이민이 시작됩니다. 이 때 상황이 어떠했으리라 상상됩니까?(42:21)

□ 이 일은 어떻게 변경 진행됩니까?

르우벤의 제안으로(37:21-22):____________________

유다의 제안으로(37:27) :____________________

2. 이렇게 하여 17세의 어린 소년의 강제 이민이 시작됩니다. 이 때 상황이 어떠했으리라 상상됩니까?(42:21)

____

|THINK|

어린 소년 요셉은 은 20에 팔려갔다. 이는 성인 노예의 몸값이 아니었다. 예수님이 은 30에 거래되었음을 상기해 보라.

3. 요셉의 애굽에서의 첫 거주지는 ( )의 집이었고, 노예 신분이었다(39장). 그러나 요셉 일생의 최대의 유혹인 보디발의 아내의 접근이 시작되었습니다.
   - □ 그러나 얼마 후 주인이 발견한 것은?(39:3)____________
   - □ 어떻게 이 일이 가능했을까요?____________
   - □ 요셉의 자세(39:4)____________
   - □ 하나님의 배려(39:5)____________

4. 그러나 요셉 일생의 최대의 유혹인 보디발의 아내의 접근이 시작되었습니다.
   - □ 그 위기가 어떻게 처리됩니까?(39:11,12)

   ____
   - □ 이 단호함의 뿌리가 무엇이라고 생각됩니까?(39:9)

   ____

|THINK|

누구든 하나님 앞에서(coram Deo)사는 신전(神前)의식을 갖지 않는 한 죄에 대해 단호할 수 없다. 또 죄를 이기는 방법에는 정면으로 부딪치는 방법과 그 자리를 피해버리는 방법이 있다. 이 지혜를 구하자.

탐구3 가중되는 시련

1. 시편 105:17-19을 읽고 요셉의 형편을 신문기자 다운 시선으로 묘사해 보십시오.

   ____
   - □ 이 때 그의 심정은 어떠했을까요? (주의 :요셉은 달랐을거야 라는 식의 점수 주기는 금물)

   ____

2. 이 감옥은 특히 어떤 곳이었습니까?(39:20)

☐ 어느 날 요셉은 석방되는 관원에게 어떤 부탁을 합니까?(40:14)

☐ 그러나 결과는 어떠합니까? (40:23)

---

3. 이리하여 덧없이(?) 10여 년 이상의 세월이 채워집니다. 그러나 39:2, 3, 23 등에 공통적으로 나타나는 단어는 무엇입니까?

☐ 여기에서 우리가 발견하게 되는 교훈은 무엇입니까?

더깊은 생각을 위하여

요셉 자신도 이해 할 수 없는 시련이 거듭되었다. 그러나 이것은 진정 필요한 세월이었다(히 12:1-3). 자녀란 낳는 것이 끝이 아니고 시작이다. 부모의 양육은 그때부터 시작된다. 하나님의 아들 삼기 작전은 단지 요셉의 이야기가 아니고 당신과 나의 삶에 대한 이야기이다.

성 찰

하나님 없이도 잘 먹고 잘 사는 사람들에 대한 당신의 생각은 어떠한가?

15과

요셉2

악을 선으로 바꾸신 하나님

읽을말씀 : 창세기 50장

초　　점 : 하나님의 섭리는 모든 장애에도 불구하고 이루어져 간다.

탐구1 히브리 출신의 애굽총리

깊은 옥중에 있는 요셉, 사단은 그를 영원히 거기에 두려 했습니다. 그러나 하나님은 잊지 아니하시고(시 34:15) 오히려 계획을 추진하고 계셨습니다.

1. 창세기 41:7, 8에서 바로의 마음을 번민케 한 이는 누구일까요?(잠 21:1)

☐ 당신은 바로의 꿈 이야기를 간략하게 해 볼 수 있습니까?(41장)

2. 드디어 요셉이 왕 앞에 섭니다. 16절에서 당신이 느끼는 바는 무엇입니까?

☐ 이 큰 가뭄에 대한 요셉의 대안은 어떤 것이었습니까?(41:34-36)

3. 드디어 요셉에게 어떤 영광이 주어집니까? (41:41-43)

※ 어떻게 히브리인이 애굽의 총리가 될 수 있을까? 놀랍게도 학자들의 증언에 따르면 당시 애굽 왕조는 셈족 계통의 사람이 점유하고 있었다.

|THINK|

이때, 그의 나이는 30세 - 이는 한 남자가 비로소 공직에 나아갈 수 있는 바로 그 나이였다(민 43:3). 예수님도 그의 공생애를 30세에 시작하지 않으셨던가! 만일 요셉의 소원대로 2년 전에 출옥하여 어디론가 갔다면 이 날은 오지 않았을 것이다. 하나님은 요셉의 목에 걸 금 사슬을 준비하고 계셨다.

탐구2 이루어지는 꿈

드디어 전 세계적인 기근(饑饉) 현상이 나타났습니다(41:57). 가나안의 야곱 가족도 예외는 아니었습니다.

1. 야곱은 어떤 대책을 강구합니까? (42:1,2)

2. 묘하게 이산가족의 상봉이 이루어집니다.

☐ 왜 요셉이 형들에게 이렇게 대했을까요? (42:7)

☐ 42장 이후로 요셉이 슬피 울다 라는 부분이 7번이나 나타납니다. 여기서 요셉의 무엇을 발견할 수 있습니까?

※ 나사로의 무덤 앞에서 예수님도 우셨다.

3. 42:6과 37:20을 비교해 보고 당신의 느낌을 말해 보십시오.

※ 하나님의 계획은 꼭 성취되고야 만다. 형들의 회개가 철저히 확인된 후에 요셉은 자신의 신분을 밝힌다(45:1-3). 그들은 얼마나 놀랐을까? 얼마나 부끄러웠을까?

|THINK|

은밀한 죄는 없다. 영원히 숨겨질 죄도 없다. 수 년 동안 요셉의 형제들은 부친을 교묘히 속이고 살아왔다. 그러나 그것을 주목하신 분이 계셨다. 바로 하나님이시다!

4. 온 가족을 초빙하는 요셉의 형편은 어떠했습니까?(45:8,9)

※ 야곱의 가족 70명이 애굽 땅 고센에서 거주하게 된다. 고센(Rameses)은 비옥한 반면 동쪽으로부터의 침략 위험이 있는 미심쩍은 땅이었다. 그러나 그들은 여기에서 가나안 부족들의 부패로 부터 격리될 수 있었다.

탐구3 악을 선으로 바꾸시는 하나님

요셉의 형들은 아버지 야곱이 죽자(47:28), 큰 걱정이 생겼습니다.

1. 그 이유는 무엇입니까? (50:15 ; 37:21)

※ 형들은 이미 용서되었음에도 불구하고 내내 죄책감에 시달려 왔음을 알 수 있다.

2. 요셉의 반응은 어떻습니까?(50:17-21)

☐ 더구나 이 일은 어떻게 설명됩니까? (50:20)

|THINK|

하나님은 악을 선으로 바꾸시는 분이시다. 사람의 어떤 악한 계획도 하나님의 계획을 방해 할 수 없다. 이는 단지 요셉이 훌륭해서가 아니라, 하나님 자신의 신실함 때문이요, 자신의 약속 때문이었다(15:13).

3. 그렇다면 45:5,7에서 당신이 발견하는 것은 무엇입니까?

※ 이 선하신 하나님이 우리의 아버지이시다. 그분은 선으로 악을 이기라고 격려하신다(롬 12:21).

더깊은 생각을 위하여

요셉의 임종은 장엄하며 깊은 의미를 갖는다(창 50:22-26 ; 히11:22). 그는 자기 자녀는 물론 온 이스라엘이 하나님의 약속된 땅을 향해야 할 것임을 부탁한다. 그리고 자기를 애굽이 아닌 약속의 땅, 시온에 묻어달라고 유언한다. 이 거창한 행렬이 가나안을 향해 갈 때… 이는 요셉의 마지막 믿음의 시위였다. 비록 애굽의 영화를 누렸지만, 그의 애정은 가나안 땅에 있었다. 천국을 사모하는 성도들처럼...

성 찰

당신의 생활 속에도 악을 선으로 바꾸신 하나님에 대한 경험이 있는가?

16과
아론
최초의 대 제사장

읽을말씀 : 민수기 20:22-29

초　　점 : 불완전한 인간 대제사장과 그리스도는 어떻게 대조되는가?

스 케 치 : 아론은 이스라엘 최초의 대제사장이었다. 그는 모세보다 세 살 위의 형이며, 능변으로 모세를 도왔다. 그는 바로왕과 백성들 앞에서 모세의 대언자로 하나님의 말씀을 전했다. 그러나 그는 약속의 땅에들어가지 못하고 123세에 부름을 받았다.

탐구1 영예로운 조력자

아론은 모세의 친 형일 뿐만 아니라 거의 평생의 동역자였다.

1. 광야에서 모세가 부름 받을 때, 그의 변명과 하나님의 대책은 무엇이었습니까? (출 4:10,14)

____

☐ 하나님이 본 아론은 어떤 자였으며(출 4:14), 앞으로 그가 할 일은 무엇이었습니까? (출 4:16)

____

2. 아론은 당대의 최고 실력자 바로에게 무엇을 요구합니까?(출 5:1)

____

☐ 출애굽기 7:2에서는 무엇을 합니까?

____

※ 그의 뒤에는 하나님이 계셨다. 기적과 능력의 원천은 여호와이셨다.

3. 출애굽기 6:13,26, 7:1을 통하여 우리는 여호와께서 (　　　　)과 (　　　)에게 똑같이 일을 지시하고 계심을 볼 수 있습니다. 드디어 이스라엘은 출애굽을 하고 이제부터 아론은 (　　　) 앞에서 모세의 대언자가 되어야 했습니다.

4. 출애굽기 17:8-16의 상황을 실감나게 묘사해 볼 수 있습니까?

____

☐ 여기서 아론의 역할은 무엇이었습니까?

____

※ 당신은 앞에 나서는 자가 아닌 돕는 자가 될 수 있겠습니까?

| THINK |

이 전쟁의 승리는 여호수아의 칼날에 있지 않았다. 모세의 손, 쳐들려진 손에 있었다. 높이 든 손은 하나님의 구원을 요청하는 것이요, 하나님께 항복하는 것이었다. 여기서 모세가 위대했다면 아론과 훌도 위대했다.

탐구2 부끄러운 조력자

1. 하나님의 산에 모세가 오를 때 아론의 업무는 무엇이었습니까?(출 24:14)

____

2. 타협(출 32:1-24). 그러나 얼마 후 산 아래에서는 어떤 일이 진행됩니까?(출 32:1)

____

☐ 이 때 아론의 행동을 어떻게 생각합니까?(32:2-4)

____

☐ 모세가 내려온 후의 행동은 어떻습니까?(32:21-24)

3. 도전(민 12:1-16). 어느 날 아론과 미리암은 모세의 한 행위에 대해 지적합니다.

____

☐ 그 내용은?______________________________

☐ 그러나 더 깊은 이유는? (12:2)

____

4. 이 때 (   )은 참았다. 그러나 (   )께서 개입하셨다(민12:6-8). 왜냐하면 모세의 중보자로서의 권위는 바로(   )께서 주신 것이기 때문이었다. 결국 아론은 모세에게 (   )(12:11)라고 부르며 간구했고 겨우 (   )의 중벌을 용서받을 수 있었다.

|THINK|

모세는 이스라엘의 중보자였다. 성경의 중보자 개념은 언약에 밀접해 있다. 하나님 편에서 볼 때 중보자는 백성 전체였고, 백성 편에서 볼 때 중보자는 하나님 자신이었다. 모세가 중보 하던 옛 언약시대는 지나갔다. 지금은 새 언약시대이며 새 중보자 예수 그리스도를 모시고 있다.

5. 당신은 아론이 그랬듯이 새 중보자(예수)에게 불순종하지는 않습니까? (의식, 행동 등)

____

※ 정말 그 분은 당신 삶의 전 영역의 주님(Lord)이신가?

6. 불신(민 20:1-13). 므리바에서의 아론의 행위는 어떤 것이었습니까?(20:10,11)

☐ 이에 대한 하나님의 조치는 무엇입니까? (20:12, 24)

※ 하나님은 자신의 영광과 거룩함이 가리워지는 일을 결코 용납하지 않으셨다!

7. 아론의 나이 123세, 그는 하나님의 부름을 받습니다. 그의 종말은 너무도 엄숙한 느낌을 줍니다(민 20:26-29). 사람은 갔으나 직임(職任)은 계속되어야 했습니다.

☐ 누구에게 계승됩니까?(20:28)

더깊은 생각을 위하여

하나님으로부터 대 제사장직(출 28:1)은 성별된 것이었다(레 9:1). 그는 성소에 홀로(레 30:10) 올라가 백성을 위해 중보(민 16:46)를 해야 했다. 그러나 그는 불완전한 인간이었다. 아론은 갔으나 우리에게는 한 왕 같은 대제사장이 계시니 그가 바로 예수 그리스도이시다(히 4:15). 그분은 우리의 연약을 아시고 지키시고 보호하시고 인도하시는 분이시다.

성 찰

아론의 부끄러운 모습들 중 당신 속에도 있음직한 것들은 어떤 것인가?

17과

모세1

만들어지는 지도자

읽을말씀 : 출애굽기 3:1-14

초　　점 : 위인이 아닌 범인 모세와 그를 준비시키는 하나님의 섭리는 어떤 것인가?

스 케 치 : 모세('이끌어 내다')는 경건한 아버지 아므람과 어머니 요게벳 사이에서 태어났다(히11:23). 그는 애굽 공주의 양자가 되어 40년간 양육되며 훗날 미디안 광야로 피신하여 40년간 살고 80세에 하나님의 부르심을 입어 애굽으로 돌아와 이스라엘 백성을 이끌어 낸다. 그 후 40년간 이스라엘을 이끌고 광야를 여행하다가 가나안을 지척에 둔 비스가 산에서 생애를 마감한다.

탐구1 이집트의 왕자

이스라엘의 자녀들은 애굽으로 이주한 이후, 4백여 년 동안 크게 번성하고 강대하였습니다. 그러나 애굽의 정치 정세 변화와 더불어 이스라엘에 대한 압박이 가중되었습니다.

1. 당시의 형편은 어떠했습니까? (출 1:8-11)

   ____

   그럼에도 불구하고 이스라엘 백성들은 어떠했습니까? (출 1:12)

   ____

   드디어 애굽 왕이 취한 극단적 처방은 무엇입니까? (출 1:15, 16)

   ____

2. 이런 상황 속에서 히브리인의 한 가정에 아들이 태어났습니다. 그 부모에 대하여 성경은 어떻게 말합니까? (히 11:23)

   ____

3. 아기 모세가 바로의 공주의 아들로 입양(入養)되는 과정을 재미있게 묘사해 보십시오. (출 2:2-10)

   ____

|THINK|

공주는 아이를 단지 나일강 물에서 건져내었다는 뜻으로 모세라 하였으나, 이 아이가 훗날 자기 백성을 애굽과 홍해로 부터 건져내었다는 것은 결코 우연스러운 일이 아니다.

4. 당신은 지구상의 4대 문명 발상지를 말할 수 있습니까?

   ____

   모세는 그 찬란한 이집트 문명이 꽃피는 궁전에서 왕자로 양육되었습니다. 그의 교육 정도는 어떠했을까요? (행 7:22)

   ____

5. 그의 나이 40세 때 어떤 일이 생겼습니까? (행 7:23, 24)

   ____

그러나 그의 동족의 반응은 어떠했습니까?(출2:13, 14)

결국 왕자 모세는 황급히 도망 길에 올라야 했습니다. 그의 열심은 찬양할 만하나 그의 방법은 자신의 방법이었고 혈기(血氣)에 의한 것이었습니다.

탐구2 히브리서 기자의 관찰

우선 히브리서 11:24-26을 숙고해 보십시오.

1. 24절에서 거절한 것은 무엇이며 그 이유는 무엇입니까?

   이 구절에서 간과할 수 없는 또 하나를 생각 할 수 있습니까? (히 11:27)

2. 25절에서 더 좋아하고는 무엇을 선택했다는 말입니까?

   누가복음 15장의 탕자가 나중에 선택한 무엇과 흡사합니까?

3. 26절에서 여겼으니(평가했으니)는 무엇을 소중히 여겼다는 말입니까?

   그 결단의 궁극적인 동기는 무엇입니까?

|THINK|

믿음에는 부정적인 면과 긍정적인 면이 있다. 첫째는 부인(否認)이고 다음이 선택이다. 이 순서는 바뀔 수 없다. 긍휼을 받기 전에 죄를 버리고 아버지의 집으로 향해야 한다.

탐구3 부르시는 주권자

초라한 미디안의 양치기로 40년을 보낸 어느 날, 모세는 양을 끌고 호렙산에 오릅니다. 그 날 하나님은 비범한 역사를 준비하고 계셨습니다.(출 3:1-4)

1. 하나님의 첫 명령은 무엇이었습니까?(출 3:5)

※ 고대의 종들은 신을 신지 않았다. 이제 하나님은 모세에게 그 앞에서 신을 벗으라고 하신다. 이는 이제 부터 너는 내 종이요 나는 네 주인으로서 굳은 관계를 맺으시겠다는 선언이다.

2. 이 때 새로 부여된 사명은 무엇입니까?(출 3:9, 10)

모세의 반응은 어떻습니까?(3:11)

|THINK|

여기서 우리는 40년 전의 모세와는 전혀 다른 새 사람을 볼 수 있다. 하나님의 일은 하나님이 하신다. 하나님의 일은 하나님의 때, 하나님의 방법으로, 준비된 하나님의 사람을 통해 하신다. 모세는 그래서 40년 간 광야의 훈련 과정(training course)을 거쳐야 했다.

더깊은 생각을 위하여

떨기나무- 그것은 모세 자신의 모습이었다. 자기 힘으로 불붙어 타려 했으나 곧 꺼져 재가 되어 이리저리 흩날리지 않았던가. 그러나 하나님이 태우시는 불꽃은 얼마나 아름답고 지속적인가!

성 찰

당신은 정말 하나님 앞에서 신을 벗은 사람으로 살고 싶은가?

18과

모세2

쓰임 받는 지도자

읽을말씀 : 출애굽기 12:1-36

초　　점 : 광야 여정에서 나타나는 하나님의 위대하심과 인내하심은 어떤 것인가?

탐구1 돌아온 모세

40년 전 애굽을 떠났던 장년 모세는, 이제 단지 지팡이를 손에 쥔 80세의 초라한 노인이었습니다.

1. 그러나 더 강할 수 있었던 이유는 무엇입니까?(출 4:20, 21)

☐ 첫 동역자는 누구입니까? (출 4:27, 28)

2. 바로 앞에 등장한 모세의 요청과 바로의 첫 반응은 무엇입니까?(출5:1,2)

☐ 오히려 이스라엘 백성들이 모세를 원망하게 된 이유는 무엇입니까? (출 5:7-9, 20, 21)

3. 이때부터 모세와 바로의 대결이 시작됩니다. 하나님이 모세를 통하여 행한 재앙들(10가지) 중에서 몇 가지나 기억 할 수 있습니까?(출 7~11장)

|THINK|

놀라운 것은 재앙으로 동원된 나일강 물을 비롯한 곤충류 등이 바로 애굽인들이 숭배했던 우상 신들이었다는 사실이다. 이는 신들 중의 신이신 여호와의 위대하심을 말함이 아닌가! (출 12:12)

4. 마지막 장자 죽음의 재앙이 지나갔을 때 바로의 태도는 어떠합니까?(출 12:31,32)

※ 그러나 이 밤은 하나님의 백성에게는 영원히 잊지 못할 구원의 밤, 유월절이되었다(출 12:21-27).

☐ 드디어 출애굽(Exodus)! 떠나는 이스라엘의 형편은 어떠했습니까? (출 12:35, 36)

※ 출애굽 사건은 그리스도께서 완성하신 전 우주적 구원의 축소판이라고 할 수 있다.

탐구2 오래 참으시는 하나님

출애굽에서 가나안에 이르기까지의 이스라엘의 여정에 나타나는 것은 하나님의 은혜로우심과 인간의 별 수 없음입니다. 홍해에 물 벽을 세우셔서 자기 백성을 구해내신 하나님(출 14:21-31), 그 크고 놀라운 능력과 은혜를 찬양하던 소리가 채 사라지기도 전에 백성들은 너무도 사소한 일로 하나님을 원망하기 시작합니다.

1. 르비딤에서 어떤 일이 생깁니까? (출 17:1,2)

____

☐ 그러나 백성들의 물 요구의 저의는 또 무엇이었습니까? (출 17:7)

____

2. 이 사태에 모세는 어떻게 대처합니까?(출 17:4)

____

☐ 그러나 은혜로우신 하나님은 어떤 지시를 내립니까? (출 17:5,6)

____

☐ 왜 장로들을 데리고 가라 하셨을까요?

____

3. 이 사건을 고린도전서 10:4과 연결하여 이해 할 수 있습니까?

____

※ 실로 그리스도는 자기 백성과 함께 하시며 백성의 생명의 원천이 되신다.

탐구3 모세를 세우신 여호와

민수기 12:1-16은 특이하게도 광야 여행 중에 나타난 형제간의 갈등을 기록하고 있습니다.

1. 미리암과 아론이 모세를 질타한 이유는 무엇입니까?

____

☐ 그러나 그들의 실제 원망은 무엇입니까? (12:2)

____

※ 이것은 동시에 배후에 계신 하나님의 권위에 대한 도전이 아닐 수 없다.

2. 3절은 이 때 모세가 어떻게 반응했음을 암시하고 있습니까?

□ 그러나 하나님이 개입하셨습니다. 하나님의 해결 방법은 무엇이었습니까? (12:4)

|THINK|

이 때 모세는 백성의 중보자 역할을 하고 있었다. 언약 관계에서 중보자는 하나님 편에서 볼 때는 단지 백성의 대표자에 불과한 것이 아니라 백성 전체이다. 또 백성 편에서 볼 때 중보자는 단지 하나님의 대변자에 불과한 것이 아니라 하나님 자신인 것이다.

3. 말년의 그의 건강은 어떠했습니까? (신 34:7)

□ 성경이 표현하는 모세는 어떤 사람입니까? (신 34:10)

※ 120년간을 하나님은 하루같이 이끌어주셨습니다. 사람의 생(生)의 배후에는 하나님이 계시다는 엄숙한 교훈을 남기고 그는 하나님의 품에 안겼습니다.

더깊은 생각을 위하여

모세는 지나갔다. 우리는 새 언약시대에 살고 있다. 우리에게는 새로운 중보자가 계신다. 곧 그리스도 예수이시다. 하나님은 유일한 중보자이신 그리스도에 대한 인간의 어떠한 도전도 용납지 않으신다. 우리의 의식 안에 혹 그리스도에 대한 도전은 없는 것인가?

성 찰

갈수록 강팍해 가는 바로의 모습은 오늘 우리 주변에서 어떤 것들을 느끼게 하는가?

19과

여호수아

충실한 하나님의 도구

읽을말씀 : 여호수아 1장

초　　점 : 그리스도인이 수많은 영적 싸움에서 이길 수 있는 비결은 무엇인가?

스 케 치 : 여호수아('여호와께서 구원하심')는 에브라임 사람 눈의 아들로서 본명은 '호세아' 이다(민 13:8). 그는 모세의 뒤를 이어 이스라엘 백성을 가나안으로 인도하였다. 가나안에서 긴 전쟁을 치르고 각 지파에게 땅을 분배한 뒤, 온 백성을 신앙으로 권면하여 110세에 죽음을 맞았다.

탐구1 충실한 수종자

1. 여호수아가 맨 처음 등장되는 상황과 역할은 무엇입니까? (출 17:8,9)

____

☐ 두 번째 여호수아의 역할은 무엇입니까? (출 24:12,13)

____

※ 청년 여호수아는 본래 장군이 아닌 시종 출신이었다.

2. 가데스 바네아에서 보이는 그의 모습은 어떤 것입니까? (민14:6-10)

____

3. 이 믿음의 사람에게 하나님은 무슨 일을 맡기십니까? (민 27:22,23)

____

☐ 그가 안수를 받은 후 자신과 백성에게 어떤 일이 일어납니까? (신 34:9)

____

탐구2 뒤를 잇는 새 지도자

위대한 지도자 모세의 뒤를 잇는 여호수아의 심정은 어떠했습니까?

1. 여호수아 1:6,7에 근거하여 유추해 보십시오.

____

※ 누구든 강한 자에게 강하라고 촉구하지는 않는다...

|THINK|

여호수아라고 하면 그는 선천적으로 능한 장군이었을 것이라고 우리는 착각한다. 그래서 이것은 나는 못 해 쪽으로 나아간다. 그러나 이것이야말로 우리의 신앙 성장을 방해하는 약점인 것이다.

2. 다음에서 공통적으로 발견되는 것은 무엇입니까?

☐ 여호수아 1:3 ______________

☐ 여호수아 5:15______________

☐ 여호수아 4:18______________

이것이 일명 '발바닥 사건' 입니다.

|THINK|

하나님은 발바닥(신발바닥이 아닌)으로 밟는 것만 주시겠다고 약속하셨다. 군대 장관의 요구도 신을 벗으라 는 것이었고, 제사장들은 맨발로 행해야 했다. 이는 이스라엘의 대장, 여호수아의 대장은 여호와 하나님이심을 드러냄이 아니겠는가!

3. 여호수아의 첫 번째 문제는 무엇이었으며 어떻게 해결됩니까? (수 3:1, 14-17)

____

☐ 최초의 기념석이 세워진 곳은 어디이며 그 목적은 무엇입니까?(수 4:3, 20)

____

탐구3 정복과 분배

드디어 가나안에 들어 선 이스라엘에게는 원수를 멸절시키고 그 땅을 차지하는 사명이 부여되었습니다.

1. 적 왕들의 상태는 어떠했습니까? (수 5:1)

____

☐ 여리고 성을 정복한 이스라엘과 여호수아의 명성이 더한 이유는 무엇입니까?(수 6:27)

____

2. 이어 서쪽으로 10마일 거리에 있는 아이 성을 공격케 됩니다. 그러나 그 결과는 어떠했습니까?(수 7:5)

____

☐ 그 원인은? (수 7:12, 13)______________________________

☐ 그 해결 방법은? (수 7:24-26)______________________________

☐ 사도행전 5장에 나타나는 이와 유사한 사건을 아십니까? 이들 사건에서 당신이 얻는 교훈은 무엇입니까?

____

____

|THINK|

우리의 삶이 실패 속에 있는가? 하나님을 탓하지 말자. 오히려 우리 전체를 하나님 앞에 내놓고 내 마음의 아간을 찾아내자. 지파별- 직장, 가정, 학교 등-로 살펴보자.

2. 오랜동안의 정복 전쟁 후, 여호수아가 한 일은 무엇입니까?(수 13:7)

☐ 그의 마지막 설교의 요지는 무엇입니까?(수 24:14,15)

☐ 그의 영향력은 어느 정도였습니까?(수 24:31)

※ 우리가 세상을 떠날 때는 어떤 영향력을 얼마나 미칠 수 있을까?

더깊은 생각을 위하여

여호수아는 가나안 정복 7년 전쟁 중 단 한 번의 패전을 겪는다. 승리의 비결은 오직 하나님께 대한 전적인 믿음과 순종이었다. 이는 한 그리스도인이 어떻게 영적 전투에서 이길 것인가를 예증하여 준다.

성 찰

당신의 삶 속에 선명한 어떤 기념석이 있는가?

20과

갈렙

온전한 순종의 사람

읽을말씀 : 민수기 13:25-14:10

초　　점 : 하나님을 온전히 좇은 사람에게 하나님은 어떻게 답하시는가?

스 케 치 : 갈렙('힘센')은 유다 지파 여분네의 아들이었다. 그는 모세의 명을 받아 가나안 땅을 탐지한 열두 명 중 하나였다. 그는 온전한 순종으로 가나안 땅을 약속받았으며, 여호수아와 더불어 그 땅에 들어가 기업을 차지한다.

탐구1 외로운 항변

애굽을 떠나온 이스라엘은 드디어 가나안 땅의 접경인 가데스 바네아에 도착하였습니다.

1. 이 때 여호와의 명령 내용은 무엇입니까? (민 13:1,2)

____

☐ 6절에서 누구를 봅니까?

____

2. 그들은 40일 동안 샅샅이 정탐한 후 무엇을 가지고 옵니까? (민13:23)

____

3. 의견의 일치 - 그 내용은 무엇입니까? (민13:27)

____

의견의 불일치 - 갈렙과 여호수아 (민13:30)

____

나머지 10인 (민13:31)

____

※ 그들이 길게 어려움을 털어 놓는 동안, 백성들은 두려움에 몸을 떨기 시작했다. 10인은 장애물을, 2인은 하나님 약속을 바라보았던 것이다. 백성들은 하나님보다 정탐꾼을 더 믿었다.

4. 사태는 어떻게 악화되었을까요? (민 14:1,2,4)

____

☐ 급기야 누구를 원망합니까? (민14:3)

____

※ 이스라엘은 광야 여행 중에 적어도 열 번을(출 5:20 ; 14:10 ; 15:24 ; 16:2,20 ; 17:2 ; 32:1 ; 민11:1,4 ; 14:3) 원망한다. 당신의 경우, 언제 불평을 쏟아놓습니까?

5. 그러나 갈렙과 여호수아는 어떻게 말합니까? (민 14:7-9)

____

□ 이 짧은 연설 가운데 몇 번이나 여호와를 언급합니까?

※ 그러나 회중은 돌을 집어 들었고 드디어 하나님께서 개입하셔야 했습니다.

6. 믿음대로!

□ 10명(그리고 백성들) : "능히 올라가서 그 백성을 치지 못하리라" → (출14:23)

□ 갈렙과 여호수아 : "여호와께서 우리를 그 땅으로 인도하실 것이라" → (출 14:24)

하나님 편에 섰던 의로운 항변자 – 하나님은 그들에게 응당한 보상을 약속하셨습니다.

|THINK|

그리고 백성들은 40년간의 방황(14:33)을 해야 했다. 광야에서 죽은 성인이 남녀 각 60만이라면, 40년간에 죽으려면 20분마다 한 번씩 장례식을 치르어야 한다. 이것이야말로 불순종에 대한 뼈저린 교훈을 시간마다 상기시키는 것이 아니겠는가?

탐구2 마지막 헌신

여호수아 14:6-15은 가나안 땅의 분배 때에 갈렙의 헌신적인 제안으로 주옥같은 부분입니다.

1. 당시 갈렙의 나이는 몇 세 입니까?(수 14:10)

□ 그의 생존의 근거는 무엇입니까?

이 말 속에서 하나님에 대한 감사와 감격을 볼 수 있습니다. 더구나 그는 아직 강건했으니...

2. 그 약속을 근거로 무엇을 요구합니까?(수 14:12)

이미 45년 전에 보았고 하나님에 의해 확정된 곳이었으나 헤브론은 아직도 적지(敵地)였습니다. 누구도 꺼려하는 땅이었습니다. 그러나...

3. 그 결과는 어떠했습니까?(수 14:14)

□ 성경은 단호하게 정복 전쟁을 생략하고 그 승리의 결과만 기록하고 있습니다.

| THINK |

아낙 자손 중 가장 큰 자의 성읍 헤브론을 정복할 수 있었음은 갈렙 자신의 힘에 의함이 아니라, 여호와 하나님이 말씀하신 대로 그분께서 함께하심으로 이루어진 것임을 시사해 주고 있는 것이다. 결국 내용의 중심은 갈렙이 아니라 갈렙의 하나님이시다.

더 깊은 생각을 위하여

우리는 장수하지 못할 수도 있다. 건강하지 못할 수도 있고 돈을 벌지 못할 수도 있다. 그러나 하나님은 자신을 온전히 좇은 사람에게 그의 약속하신 대로 갚아주실 것이다. 이 땅에서가 아니면 새 땅에서 갚아 주실 것이다.

성 찰

당연한 권리를 주장하지 않은 갈렙의 모습이 당신에게 무엇을 가르치고 있는가?

21과

라합

메시아의 할머니

읽을말씀 : 여호수아 6:22-25

초　　점 : 한 이방인의 구원받음과 그에 따른 영광은 어떤 것이었는가?

스 케 치 : 라합('자랑하는')은 우상을 숭배하는 아모리 족속이었다. 그녀는 이스라엘 백성이 정복해 올 때 여리고 성에 거주했으며, 그 정탐꾼들을 도움으로써 성이 무너질 때 구원받았다. 그리고… 그의 생은 새롭게 전개된다.

탐구1 여리고 성의 이방인

1. 그녀의 입장이 구원과 얼마나 거리가 먼가를 생각해 보십시오.(2:1)
   - □ 이스라엘인?(대조)________________진실로
   - □ 남자?________________그녀의 처지는
   - □ 신분?________________소망이 없었다.

   함께 에베소서 2:11,12을 읽고 넘어갑시다.

탐구2 믿음의 모험

1. 여호수아 2:1-7을 읽고, 라합의 신변에 어떤 일이 생겼는지 간략히 말해 보십시오.

   ____

   - □ 정탐꾼을 숨기기 위해 누구의 명을 어깁니까?

   ____

   - □ 이 행위를 히브리서 11:31과 야고보서 2:25에서는 어떻게 묘사합니까?

   ____

   이 목숨을 걸은 영적 행위는 고독한 결단이었습니다.

2. 그녀는 이미 무엇을 알고 있었습니까?(2:10)

   ____

   그녀는 이미 민수기 21:21-35의 사건을 들었고, 그들은 간담이 서늘하여 있었습니다. 이 들음을 통해 어떤 확신을 갖게 되었습니까? (2:9)

   ____

   - □ 하나님에 대해서는 무엇을 알고 있었습니까?(2:11)

   ____

|THINK|

그렇다! 진정 믿음은 들음에서 난다(롬10:17). 이것은 상식과 계산을 뛰어넘는다. 그래서 W.바클레이는 이스라엘이 승리 할 확률은 백만분의 일 정도였다. 그들은 무기도 없었고 단지 사막을 건너 온 유목민일 뿐 이었다라고 말한다.

3. 이 때 라합과 정탐꾼 간에는 어떤 언약이 맺어집니까?(2:17,18)

☐ 그날 이후 라합의 집에는 어떤 표시가 있었습니까?(2:21)

라합이 구원을 얻은 것은 진리를 많이 소유해서가 아니라 소유한 진리에 순종한 때문이었습니다.

탐구3 믿음의 보상

드디어 요단강을 마른 땅 같이 건너온 이스라엘이 여리고에 다가옵니다.

1. 여리고 성에 진격한 이스라엘의 작전은 어떤 것이었습니까?(6:3-5)

☐ 이러한 광경을 바라보는 라합의 심정은 어떠했을까요?

2. 드디어 공격일, 어떤 명령이 내려집니까? (6:16,17)

☐ 그것은 어떻게 수행됩니까?

|THINK|

라합의 집 창문에는 언약의 붉은 줄이 달려 있었다. 이것은 정탐꾼들이 탈출할 때 사용했던 바로 그것이었다. W.A.크리스웰은 그것은 구속의 붉은 줄 이라고 설명했다. 그것은 출애굽기 12장의 유월절과 히브리서 9:19-22의 예수님의 희생을 연상시키는 것이다.

3. 특히 라합의 경우가 롯(7과 4문항)과 대조적인 것은 어떤 면에서입니까?(6:25)

4. 그러나 더 찬란한 영광은 메시아의 족보에서 나타납니다!(마1장)

□ 빈 칸을 채우십시오 :

살몬, (　　　)→보아스, 룻→오벳→이새→(　　　)

※ 라합은 훗날 살몬과 결혼하여 보아스를 낳았다. 룻기를 보면, 보아스는 성내에서 유력하고 부유한 사람이었음을 알 수 있다. 그것은 그의 부친 살몬이 그러한 신분의 사람이었다는 얘기이다.

5. 더구나 라합은 이새(다윗의 아버지)와 어떤 관계가 됩니까?

※ 사람들은 예수님을 다윗의 자손이라 부르지 않았던가! 기생 라합이 왕의 족보에 오른 것이다. 라합의 신분과 직업이 무엇이었는가 하는 것은 그녀가 무엇으로 변화를 받았는가라는 문제 만큼 중요하지 않다. 이방인 라합이 예수님의 조상이라는 사실은 예수님이 만인의 구주 되심을 말해주는 것이다.

더깊은 생각을 위하여

라합이 여리고에서 구원되던 날, 그것은 감격의 순간이었다. 그러나 그것은 더 큰 감격과 영광의 문턱에 불과했다. 라합의 구원은 우리의 구원과 흡사하다. 죄인 이라는 단어가 기생 보다 결코 낫지 않다. 우리에게 주신 구원, 그것은 다음의 그 무엇을 위해 주신 것이 아니겠는가! 더 큰 영광을 누리며 준비하는 삶이어야 하지 않겠는가!

성 찰

라합이 그랬듯이 당신은 오늘날의 여리고 성과 여리고 왕 에 대하여 거역하며 살고 있는가?

22과

아간

영원한 돌무더기

읽을말씀 : 여호수아 7:16-26

초　　점 : 택한 백성의 범죄를 막기 위해 하나님은 어떻게 하시는가?

스 케 치 : 아간('골치 아픈')은 유다 지파와 갈미의 아들로서, 여리고 성의 공격 때 얻은 전리품을 감추었다. 그 범법 행위의 결과로 그와 가족은 당시의 관례에 따라 아골 골짜기에서 돌에 맞아 죽고 시체는 불살라졌다.

탐구1 첫 패전

여리고에서의 승리는 이스라엘을 한 없이 들뜨게 했습니다(수 7:2-5).

1. 위 상황을 설명해 보십시오.

☐ 3절에서 알 수 있는 백성들의 상태는 어떤 것일까요?

그들은 첫 승리가 자신들의 힘에 의한 것인 듯 한 엉뚱한 착각 속에 있었습니다. 그런데...

2. 더 큰 패배의 원인을 여호와는 어떻게 지적하십니까?(7:11)

어떻게 해결하기를 원하십니까? (7:13)

|THINK|

이스라엘은 하나님이 함께 하심으로 여리고성 전투에서 대 승리를 거두었다. 그러나 더 작은 성의 전투에서는 패배하고 말았다. 우리는 종종 커다란 신앙의 승리를 거두었다고 느낀 직후에 오히려 작은 악에 넘어지곤 하지 않는가!

3. 그러면 그 숨김이 그토록 큰 범죄인 이유는 무엇일까요?

☐ 모세의 유언 : 신명기7:23-26

☐ 여호수아 6:17-18

※ 이스라엘 백성들은 귀한 금은만 보면 우상을 만들 우려가 있었다. 그러므로 그것을 성전에 바치라 했던 것이다. 또한 이스라엘은 금속으로 무기를 만들어서는 안되었다. 왜냐하면 그들의 국방은 사람의 손이 아닌 하나님의 손에 있다는 것을 수시로 깨달아야 했기 때문이다.

4. 그러나 아간은 어떻게 했습니까? (7:21)

※ 그러므로 약속의 땅에 발을 디뎌 놓는 이 중요한 시점에 저질러진 이 심각한 죄악은 반드시 제거되어야 했다. 이방인 앞에서 이스라엘의 패배는 하나님 자신의 명예에 흠이 되는 것이었다. 그럼에도 불구하고... 손을 대셔야 했다.

탐구2 죄악의 답습

1. 범죄의 장본인은 누구였습니까?(7:1)

____

□ 아간의 족보는 어떠합니까?

지파→세라(새싹)→__________(하나님만이 은혜를 베푸시는 분)→________ (풍성한 수확)→아간(__________)

※ 성경이 이토록 장황하게 4대를 거슬러 아간의 족보를 소개하는 이유는 무엇일까? 창세기 38장은 가장 지저분한 역사를 기록하고 있다. 거기서 유다는 자기 아들의 처를 도둑질했었다. 그로부터 4대 후, 후손 중에서 민족의 전리품을 도적질하는 행위가 재현되었던 것이다.

2. 위와 흡사한 예를 기억 할 수 있습니까?

창세기 12:13 ______________26:6______________

※ 자식이 부모를 닮는다는 것은 엄숙한 교훈이다. 성경은 자주 "죄가 그 아비의 길로 행하였더라…"는 말을 되풀이하고 있다.

탐구3 죄악의 제거

1. 죄인이 어떻게 색출되도록 합니까?(7:14)

____

□ 그 장면을 살펴보십시오.(7:16-18)

12지파 중→______지파 →______족속 →삽디 가족→_____!

※ 서서히 다가오는 하나님의 추적의 손길 - 어쩌면 그 긴 시간은 아간에게 주어진 마지막 자백의 기회였을 수도 있다. 영원한 비밀은 없다.

4. 아간의 고백 내용 중, 범죄의 4단계를 볼 수 있습니다.(7:21)

① 보고 → ② (   ) → ③ (   ) →④ 감추었다.

※ 하나님이 금하신 것을 볼 때 우리가 할 수 있는 최상의 일은 즉시 우리의 눈과 생각을 돌이키는 것이다!

3. 그 최후는 어떻게 됩니까?(7:24,25)

____

□ 위 탐구Ⅱ의 1 문항에서 아간 다음의 족보를 써보십시오.

아간→______________________________

멸절 혹은 없음 이라고 쓰셨다면 잘하신 것입니다.

4. 라합이 비록 이방인에서 출발했지만 그의 족보와 생애가 오늘날까지 연결된 반면, 아간은 이스라엘 조상을 두었지만 멸망의 (   )으로 남아 있는 것입니다.(7:26)

더깊은 생각을 위하여

족보의 비교 : 라합은 전반기의 족보가 없으나 후대는 길이 기록이 남아 있다. 아간의 전반기 족보는 그럴듯했지만 후대는 아무런 기록도 없는 것이다. 그러나 많은 신자가 전반부는 라합 같이 그리고 후반부에는 아간 같이 살아가는 비극을 어찌할 것인가…!

성 찰

이스라엘과 아간을 교회와 한 신자로 견주어 본다면, 교회 안에서 당신의 자세는 어떠해야 할 것인가?